Tolle Gerichte für wenig Geld

Ein Kochbuch der gesunden
Ernährung, für den kleinen Geldbeutel,
schnell und einfach zubereitet.

Herausgegeben vom Caritasverband in
Zusammenarbeit mit amac-buch Verlag
für die Diözese Augsburg e. V.

Tolle Gerichte für wenig Geld

Copyright der Originalausgabe

© Caritasverband Diözese Augsburg e. V., Auf dem Kreuz 41, 86152 Augsburg

ISBN 978-3-95431-002-9

Konzeption/Koordination:	amac-buch Verlag
Layout, Satz und Cover:	Simone Ochsenkühn, Obergriesbach
Fotos:	Simone Ochsenkühn, Obergriesbach
Bildbearbeitung:	NUREG GmbH, Nürnberg
Druck und Bindung:	deVega Medien GmbH, Augsburg

Trotz sorgfältigen Lektorats schleichen sich manchmal Fehler ein. Autoren und Verlag sind Ihnen dankbar für Anregungen und Hinweise!

amac-buch Verlag

Erlenweg 6

D-86573 Obergriesbach

E-Mail: info@amac-buch.de

http://www.amac-buch.de

Telefon 0 82 51 /82 71 37

Telefax 0 82 51 /82 71 38

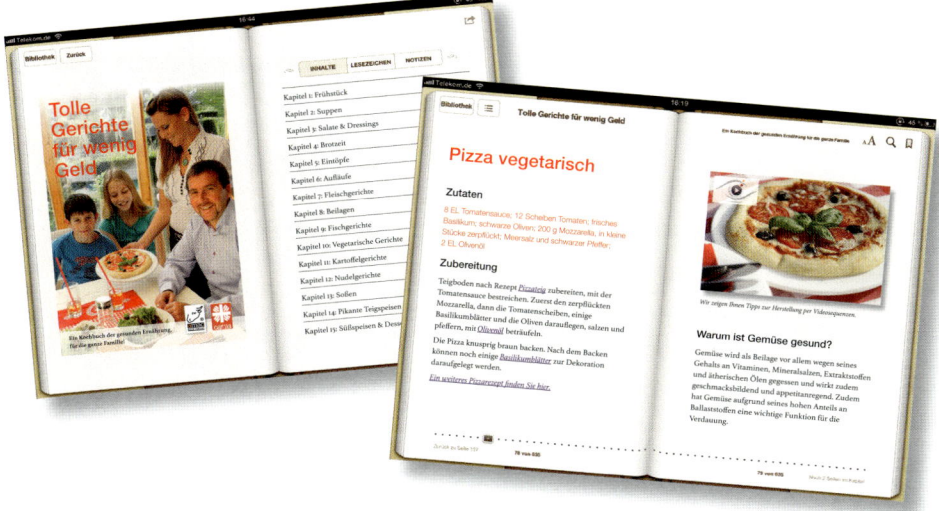

Tolle Gerichte für wenig Geld ist auch als E-Book erhältlich.

Herzlichen Glückwunsch zu dem hochwertigen Produkt, das Sie gerade in den Händen halten.

Wir möchten gerne mit der Zeit gehen und Sie beim Zubereiten von leckeren Speisen noch besser unterstützen. Für einmalige 3,95 Euro laden Sie sich die komplette elektronische Version Ihres Caritas-Kochbuchs auf Ihr iPad, iPhone, Tablet, Handy, Kindle oder auf Ihren Computer.

Mit unserem gleichnamigen E-Book können Sie die Rezepte auf Ihrem Smartphone oder Tablet bequem z. B. mit zum Einkaufen nehmen, um sich alle Zutaten in der richtigen Menge zu besorgen. iPhone und iPad-Anwender können darüber hinaus per Videolektionen knifflige Zubereitungsmethoden ganz einfach erlernen.

Das E-Book ist bei www.amac-buch.de, im Apple iBookstore oder bei anderen gängigen Plattformen wie z. B. www.amazon.de erhältlich.

Viel Spaß beim Kochen wünscht Ihre Caritas!

Vorwort

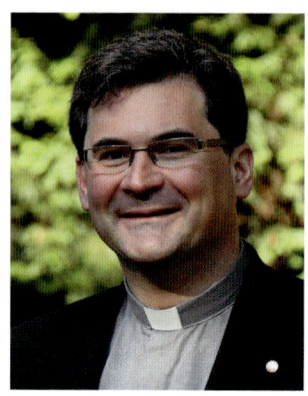

„Wie kommt der Caritasverband für die Diözese Augsburg dazu, ein Kochbuch herauszugeben? Die Antwort ist ganz einfach. Immer mehr Menschen fallen unter die Armutsgrenze. Arme Menschen, so zeigen Untersuchungen, ernähren sich im Durchschnitt weniger gesund als Menschen, die nicht von Armut betroffen sind."

So schrieb mein Vorgänger als Diözesan-Caritasdirektor, Prälat Peter C. Manz, in seinem Vorwort für die 3. Auflage des Caritas-Kochbuchs „Tolle Gerichte für wenig Geld". Seine Worte stimmen heute leider immer noch. Die Ursprungsidee des Caritas-Kochbuchs, diesen Menschen etwas an die Hand zu geben, ist demnach immer noch aktuell.

Circa 20.000 Mal wurde das Caritas-Kochbuch bislang verkauft. Es war damit auch an der Zeit, es zu überarbeiten und zu prüfen, wo und wie es der aktuellen Zeit angepasst werden muss. Dies übernahm für uns der amac-buch Verlag in Obergriesbach.

Wir, der Caritasverband für die Diözese Augsburg e.V., sind dem Verlag, insbesondere der Verlegerin Frau Simone Ochsenkühn, sehr dankbar, dass sie beherzt diese Herausforderung wahrgenommen und das Caritas-Kochbuch mit vielen guten Ideen und sehr nützlichen Anregungen aktualisiert, angereichert und verbessert hat. Wir sind auch Frau Nicole Dormayr zu großem Dank verpflichtet, dass sie als Hauswirtschaftsmeisterin nachgekocht, neu gekocht, vieles überprüft und ihre Fachkenntnisse – auch zur Warenkunde – mit eingebracht hat.

So wie das Caritas-Kochbuch weiter entwickelt werden musste, so entwickelten sich leider auch die Preise ein Stück weiter. Die Maßgabe, dass man nur etwa fünf Euro für ein Rezept für vier Personen ausgeben müsse, kann heute nicht mehr eingehalten werden. Nunmehr sind es sieben Euro als maximales Budget für die in der Tat köstlichen Gerichte. Auch der Buchpreis von damals kann wegen der allgemein gestiegenen Produktionspreise nicht mehr erreicht werden. Der neue Preis erklärt sich aber auch dadurch, dass der amac-Verlag parallel zur gedruckten Ausgabe das komplette Caritas-Kochbuch als E-Book herausgibt, dieses aber wesentlich günstiger (für 3,95 Euro) angeboten wird. Schauen Sie es sich an. Es ist einfach toll, was man heute im digitalen Zeitalter so alles machen kann.

Nun wünsche ich Ihnen viel Spaß beim Kochen und Genießen!

Pfarrer Dr. Andreas Magg, Diözesan-Caritasdirektor

Anmerkung

An diesem Kochbuch mitzuwirken, war für mich wirklich eine neue Herausforderung. Bei der Arbeit konnte ich nicht nur meine praktischen Kenntnisse und Erfahrungen als Hauswirtschaftsmeisterin einbringen, sondern dabei auch lernen, wie viel Aufwand in einem solchen Projekt wirklich steckt.

Meine Aufgabe war es, die Rezepte durchzusehen, teils durch aktuellere zu ersetzen oder sie nach den neuesten Ernährungserkenntnissen zu ergänzen. Dabei stellte ich fest, dass meine Vorgängerin Petra Simon bei der Erstellung der Erstausgabe vor Jahren wirklich ganze Arbeit geleistet hat. Das Kochbuch beinhaltet sehr gute Rezepte für eine einfache, aber bodenständige Küche. Frau Simon hat die Rezepte ausprobiert und sensibel selektiert, sie gelingen auf Anhieb und zudem schmecken sie auch sehr köstlich.

Beim Kochen der Gerichte für die Titelfotos oder die einzelnen Arbeitsschritte hatte ich am meisten Freude. Mag es für ein Buch nur ein Foto sein, so weiß ich jetzt, welche Arbeit dahintersteckt, bis Gerichte wirklich „fotogen" erscheinen.

Noch ein Wort zu den Lebensmitteln: Die Industrie bietet eine Vielzahl an Fertiggerichten an. Diese kosten aber mehr als selbst zubereitete Speisen und sind auch weniger gesund. In unserem Kochbuch sind Rezepte enthalten, die für jede Jahreszeit abwechslungsreiche Gerichte bieten. Ich persönlich finde es wichtig, auf die Verwendung saisonaler, regionaler und ursprünglicher Produkte zu setzen, denn diese sind zum einen preiswert und zum zweiten auch frisch geerntet. Aber nun wünsche ich Ihnen viel Freude beim Kochen und Genießen.

Nicole Dormayr, Hauswirtschaftsmeisterin

Danksagung

An dieser Stelle möchte ich, Simone Ochsenkühn, als Verlegerin im Namen des amac-buch Verlags noch einigen Personen unseren Dank aussprechen. Denn ohne das freiwillige und selbstlose Engagement von lieben Menschen ist die Realisierung eines solchen Projekts unmöglich.

Als Erstes bedanken wir uns bei Nicole Dormayr, die uns mit Rat und Tat bei der Zubereitung der Gerichte für die Fotos beigestanden und so manche Stunde freiwillig geopfert hat, damit die Gerichte gelingen.

Dann möchten wir unseren Dank aussprechen für eine spontane Zusage, die Bilder zu retuschieren und noch appetitlicher aussehen zu lassen. Dies verdanken wir Herrn Lenssen von der Firma NUREG GmbH in Nürnberg.

Die Druckerei deVega Medien in Augsburg verdient unseren Dank für das preisliche Entgegenkommen beim Druck dieses Kochbuchs. So konnten wir einen niedrigen Verkaufspreis realisieren und das Buch trotzdem im regionalen Raum fertigen lassen.

Ja, und nicht zuletzt möchten wir uns bei der Pressestelle des Caritas-Verbands, insbesondere bei Herrn Bernhard Gattner bedanken, denn ohne seiner Grundidee wäre dieses wunderbare Werk wohl nie entstanden.

Auch ich wünsche Ihnen viel Freude mit Ihrem neuen Kochbuch. Genießen Sie es!

Simone Ochsenkühn,
im Namen des amac-buch Verlags

Inhaltsverzeichnis

Dressings   48

Brotzeit   62

Eintöpfe 80

Aufläufe 90

Fleischgerichte 102

Beilagen 124

Fischgerichte   140

Vegetarische Gerichte   154

Kartoffelgerichte — 184

Nudelgerichte — 198

Soßen 218

Pikante Teigspeisen 230

Frühstück

Vorne: Ei und Tomaten auf Brot
Hinten: Obstsalat mit Joghurt

Frühstück – Warenkunde

Öfter mal Vollkorn

Sie denken: „Vollkornprodukte sind teuer!", „Vollkornprodukte sind dunkelfarbig!", „Vollkorn ist zu würzig!" Dann sitzen Sie Vorurteilen auf. Viele Bäckereien bieten mittlerweile auch hellere Vollkornprodukte, z. B. mit Dinkelmehl, an. Fragen Sie einfach danach. Oft sind diese auch nicht wesentlich teurer als herkömmliche Weißmehlprodukte. Ein bewusster Vergleich lohnt sich. Lieber ein Brötchen weniger kaufen und damit sparen. Und abgesehen davon, kann man sich auch angewöhnen, würzige und dunkle Vollkornprodukte zu lieben, indem man sie immer mal wieder probiert und die Weißmehlprodukte langsam ersetzt.

Ein Wort zur Unterlage

Verzichten Sie auf alle Fälle auf billige Margarine. Wenn es unbedingt sein muss, so sparen Sie nicht und greifen Sie zur Marke bei Margarine, sonst sparen Sie an der eigenen Gesundheit. Margarine wird hochindustriell gefertigt und ist auf die Dauer ungesünder als Butter. Butter ist ein Milchprodukt von der Kuh, also von der Natur. In Maßen genossen, ist sie ein absoluter Geschmacksverstärker für Käse oder Wurst. Falls Sie auf Butter aus gesundheitlichen Gründen verzichten müssen, so ist Frischkäse zum Streichen eine gute Alternative. Auch Quark kann als schmackhafte Grundlage für belegte Brötchen dienen.

100 % Saft statt Nektar

Schauen Sie auf das Etikett. Nektare haben nur wenig mit dem zu tun, was wirklich unter Saft verstanden wird. Meistens bestehen Nektare zum großen Teil aus Wasser und Zucker. Bei 100 % Saft können Sie beruhigt zur Tüte greifen. Besser noch: Saft selber pressen.

Ach, die liebe Zeit – Tipps für Zeitsparer

Wir alle sind zeitlich oft unter Druck. Deshalb lohnt es sich, abends bereits darüber nachzudenken, was am nächsten Morgen auf dem Tisch stehen könnte.

Gerade Kinder sollten morgens nicht ohne Grundlage außer Haus gehen müssen. Darum bereiten Sie den Obstsalat schon am Abend vor oder kochen Sie den unübertroffenen, leckeren Porridge oder Milchreis bereits am Vorabend und genießen Sie diese morgens kalt. Das Birchermüesli können Sie auf Vorrat herstellen und portionsweise einfrieren.

Ganz klar ist aber, frisch zubereitet schmeckt es am besten und ist am gesündesten. Vielleicht helfen die Youngsters ja gerne beim Schnippeln?

Haferporridge

Zutaten

1 l Milch; 10 g Butter; evtl. 2 TL Honig; 200 g Haferflocken; Zimt; Zucker; 300 g saisonales Obst, z. B. Äpfel, Birnen, Bananen, Himbeeren, Erdbeeren, Pfirsich

Zubereitung

Haferflocken, Milch und Butter und evtl. Honig in einen Topf geben und erhitzen. Dabei ständig rühren, damit die Milch nicht anbrennt. 10 Minuten bei ständigem Rühren einkochen lassen. Anschließend 5 Minuten auf der ausgeschalteten Herdplatte nachquellen lassen.

Nach Belieben mit Zimt und Zucker abschmecken, das Obst klein schneiden und zum Porridge servieren.

Unser Caritas-Tipp

Die Flocken in der Butter mit etwas Zucker (Zucker soll leicht karamellisieren) anrösten, bevor Sie die heiße Milch und den Honig zugeben. Das schmeckt auch Kindern!

Frischer Milchreis

Zutaten

250 g Milchreis; 250 ml Wasser; 250 ml Milch; 100 ml Apfelsaft; Zimt; evtl. Ingwer, frisch gerieben; 1 EL gemahlene Mandeln oder Haselnüsse

Zubereitung

Der Milchreis wird zuerst mit dem Wasser aufgekocht. Wenn das Wasser verdampft ist, Milch dazugeben und weiter auf geringerer Stufe eindicken lassen. Dann den Apfelsaft dazugeben und den Reis ausquellen lassen. Mit Zimt, eventuell Ingwer würzen und mit den Mandeln binden.

Unser Caritas-Tipp

Dazu passt Kompott oder frisches, aufgeschnittenes Obst.

Birchermüesli

Zutaten

200 g Haferflocken; 120 ml Milch; 120 ml Sahne; 100 g Naturjoghurt; 4 TL Rosinen; Saft einer halben Zitrone; 4 geriebene Äpfel; 50 g gehackte oder geriebene Haselnüsse oder Mandeln; 1–2 TL Honig

Zubereitung

Die Haferflocken mit der Milch vermengen und über Nacht im Kühlschrank einweichen lassen.

Am Morgen alle Zutaten vermengen und genießen. Köstlich!

Unser Caritas-Tipp

Wenn es schnell gehen muss oder Sie vergessen haben, die Flocken über Nacht einzuweichen, so geben Sie die Haferflocken morgens in warme Milch. Für die fettarme Variante tauschen Sie die Sahne gegen Milch aus und verwenden Magermilchjoghurt.

Obstsalat mit Joghurt

Zutaten

400 g Erdbeeren, andere Beeren der Saison oder TK-Beeren, aufgetaut; 2 Kiwis; 2 kleine Äpfel oder 1 große Birne; 2 EL Zitronensaft; 1 EL gehackte Haselnüsse; 400 g Joghurt, 1 EL Honig oder Zucker (nach Belieben)

Zubereitung

Das Obst gegebenenfalls waschen, klein schneiden und mit dem Zitronensaft vorsichtig mischen. Joghurt mit Honig bzw. Zucker vermengen. Die Haselnüsse nach Belieben in einer Pfanne anrösten und über den Obstsalat geben. Den Joghurt dazu reichen.

Unser Caritas-Tipp

Beeren haben nicht immer Saison. Greifen Sie auch einmal zu Tief-kühlobst oder tauschen Sie die Beeren gegen saisonales Angebot, wie z. B. Orangen oder Weintrauben. Denken Sie daran: Wenn das Obst Saison hat, ist es günstiger und vor allem frischer.

Kalt gerührte Beerenmarmelade

Zutaten

300 g gemischte Beeren der Saison oder TK-Beerenmischung; Gelierzucker nach Packungsangabe; 2 TL Zitronensaft

Zubereitung

Beeren in eine Schüssel geben, gegebenenfalls antauen lassen. Gelierzucker nach Anweisung darübergeben, Saft ziehen lassen. Dann Zitronensaft zugeben und im Mixer oder mit dem Pürierstab zerkleinern. In saubere Gläser abgefüllt hält sich diese gesunde Köstlichkeit etwa eine Woche.

Butter mit Blüten

Zutaten

125 g Butter; 1 TL Honig; 1 Prise Salz; Blüten von Löwenzahn, Mohn, Malve, Ringelblume

Zubereitung

Die Butter weich werden lassen und dann schaumig rühren. Mit dem Salz und dem Honig vermengen. Von den Blüten die Blätter abzupfen und gegebenenfalls klein schneiden. Bitte keine Stängel oder Ansätze verwenden. Kühl stellen, rasch verzehren.

Unser Caritas-Tipp

Verwenden Sie nur Blüten aus Gärten abseits des Verkehrs oder der Verschmutzung durch Tiere. Achten Sie auf einwandfreie Qualität.

Brötchen ganz schnell

Zutaten

500 g Weizenmehl (oder Weizenvollkornmehl); 500 g Quark; 1 EL Salz;
2 TL Backpulver; 2 Eier

Zubereitung

Alle Zutaten zu einem Teig verkneten. Gleichmäßig aufteilen und daraus
Brötchen formen und auf ein Backblech mit Backpapier legen, ruhen
lassen.

Backofen auf 160 °C vorheizen. Die Brötchen ca. 20–30 Minuten backen.

Ei und Tomaten auf Brot

Zutaten

4 hart gekochte Eier; 4 kleine feste Tomaten; 3 EL saure Sahne;
2 TL Ketchup; 4 Scheiben frisches Brot; Pfeffer; Salz; Schnittlauch

Zubereitung

Eier pellen und in Scheiben schneiden. Tomaten waschen, vom Strunk befreien und in Scheiben schneiden. Saure Sahne mit Ketchup vermengen, mit Salz und Pfeffer würzen, die Brötchen damit bestreichen.

Abwechselnd die Eierscheiben und die Tomatenscheiben auf die Brote schichten, mit Schnittlauch bestreuen.

Kalte Buttermilchsuppe

Suppen

Gemüse – Warenkunde

Unser Saisonkalender soll Ihnen eine Orientierung sein, wann Sie welches Gemüse am günstigsten beziehen können. Wenn die Ware nicht um die halbe Welt transportiert, sondern regional angebaut wird – ohne Heizung und Hilfsmittel – ist sie natürlicher, billiger und gesünder.

Selbstverständlich kann man heutzutage zu jedem Zeitpunkt alles bekommen, es fragt sich nur, für welchen Preis. Manche Gemüse sind auch länger haltbar, z. B. Karotten. Man kann sie ganzjährig beziehen, muss sich aber bewusst sein, dass das Gemüse eventuell schon länger gelagert ist.

Warum ist Gemüse gesund?

Gemüse wird als Beilage vor allem wegen seines Gehalts an Vitaminen, Mineralsalzen, Extraktstoffen und ätherischen Ölen gegessen und wirkt zudem geschmacksbildend und appetitanregend. Zudem hat Gemüse aufgrund seines hohen Anteils an Ballaststoffen eine wichtige Funktion für die Verdauung.

Gibt es günstige Zeitpunkte für den Gemüsekauf?

Wenn Sie unseren Saisonkalender für Ihre Einkäufe beachten, so können Sie beim Einkauf sparen. Saisonales heimisches Gemüse ist in der Regel billiger als zu einer anderen Jahreszeit teuer aus dem Ausland importierte Ware. Beachten Sie, dass bei der Lagerung von Gemüse der Vitaminverlust je nach Gemüseart innerhalb von 24 Stunden bis zu 50 Prozent beträgt. Es ist darum sinnvoll, frisches Gemüse nur nach dem tatsächlichen Bedarf zu kaufen und zuzubereiten.

Wie bewahrt man Gemüse auf?

Lagern Sie gekauftes Gemüse dunkel und kühl. Legen Sie Gemüse nicht zusammen mit Obst in das Kühlfach, denn das im Obst enthaltene gasförmige Pflanzenhormon Ethylen beschleunigt den Reifeprozess von Gemüse.

Saisonkalender Gemüse

Gemüse	Jan	Feb	Mär	Apr	Mai	Jun	Jul	Aug	Sep	Okt	Nov	Dez
Auberginen					X	X	X	X				
Blattsalate			X	X	X	X	X	X	X	X		
Brokkoli						X	X	X	X	X		
Erbsen						X	X	X				
Karotten					X	X	X	X	X	X	X	
Fenchel						X	X	X	X	X	X	
Gurken						X	X	X	X	X		
Knollensellerie						X	X	X	X	X	X	X
Kohl					X	X	X	X	X	X	X	X
Kohlrabi				X	X	X	X	X	X	X		
Kürbis								X	X	X	X	
Mangold					X	X	X	X	X	X		
Paprika							X	X	X	X		
Porree (Lauch)	X					X	X	X	X	X	X	X
Radieschen				X	X	X	X	X	X		X	
Rettich					X	X	X	X	X	X		
Rote Bete						X	X	X	X	X	X	X
Rotkraut						X	X	X	X	X	X	X
Schwarzwurzel									X	X	X	X
Spargel				X	X	X						
Tomaten						X	X	X	X	X		
Weißkraut						X	X	X	X	X	X	X
Zucchini						X	X	X	X	X		

Kochen im Druckkochtopf

Eine gute Suppe braucht Zeit. Manchmal muss man Suppen über drei Stunden simmern lassen, bis sie genussfertig sind. Viele Haushalte haben aber einen Druckkochtopf im Hause, der die Garzeiten – nicht nur für Suppen – erheblich verkürzt. So benötigt eine Hühnersuppe beispielsweise maximal eine halbe Stunde für das Garwerden des Hühnerfleischs. Allerdings entsteht viel Hitze und wertvolle Nährstoffe können eventuell verloren gehen. Da eine selbst gemachte Suppe in jedem Fall gesünder ist als eine aus der Packung, greifen Sie ruhig zu hohem Druck, falls Sie unter Zeitdruck stehen.

Grundrezept Gemüsebrühe

Zutaten

2 l Wasser; 1 EL Olivenöl; 200 g Karotten; 1 große Knoblauchzehe; 2 Zwiebeln; 1 Stange Lauch; 100 g Knollensellerie; 1 Bund Petersilie; ein paar Zweige Thymian; 10 Pfefferkörner; 2 Nelken; 2 Lorbeerblätter

Zubereitung

Gemüse in Würfel schneiden. Kurz in einem großen Topf mit dem heißen Olivenöl anbraten. Thymian und Petersilie, ebenfalls grob geschnitten, mit dazugeben. Mit Wasser ablöschen, dann aufkochen. Hitze wieder zurückschalten und aufkommenden Schaum mit einer Kelle abschöpfen. Bildet sich kein Schaum mehr, können die restlichen Gewürze (Pfeffer, Nelken, Lorbeer) zugefügt werden. Nun mindestens noch eine Stunde leise köcheln lassen. Anschließend die Brühe vorsichtig durch ein Sieb geben.

Grundrezept Hühnersuppe

Zutaten

1 küchenfertiges Suppenhuhn; 1 Stange Lauch; 2 Karotten;
½ Knollensellerie; 1 kleiner Kohlrabi; 1 große weiße Zwiebel;
1 Knoblauchzehe; Salz; 1 Lorbeerblatt;1–2 EL Sonnenblumenöl;
1 kleiner Bund Petersilie; Pfeffer; 2 l Wasser

Zubereitung

Suppenhuhn waschen und mit Küchenpapier trocken tupfen, Gemüse
grob zerkleinern. Öl in einem großen Topf erhitzen, Gemüse kurz darin
anbraten, Huhn auf das Gemüse legen und Gewürze dazugeben, dann
rasch mit dem Wasser ablöschen. 1½ Stunden zugedeckt simmern lassen.
Das Huhn herausnehmen, schönes Fleisch von den Knochen trennen,
es kann zusammen mit dem Gemüse als Einlage verzehrt werden. Die
Suppe sieben, mit Salz und Pfeffer abschmecken.

Grundrezept Rindersuppe

Zutaten

500 g Rinderknochen; 1 Stange Lauch; 2 Karotten; etwas Sellerie; Salz;
1 Lorbeerblatt; 2 Nelken; 1 Zwiebel

Zubereitung

Die gewaschenen, zerkleinerten Knochen in kaltem Wasser aufsetzen
und 2 Stunden kochen lassen. Das Gemüse, Salz, die mit Lorbeerblatt
und Nelken besteckte Zwiebel zugeben. Eine weitere Stunde kochen.
Danach die Brühe vorsichtig abseihen, das Gemüse kann als Einlage
verwendet werden.

Brätknödelsuppe

Zutaten

1 l Rindersuppe; 250 g Kalbsbrät oder anderes; 4 EL Milch; 1 Ei;
4 EL Semmelbrösel; 2 EL Mehl; 2 EL gehackte Petersilie; Salz; Pfeffer;
Muskat

Zubereitung

Rindersuppe nach angegebenem Grundrezept kochen.

Mit dem Schneebesen Brät mit Milch und Ei glatt rühren. Alle anderen
Zutaten darunter mischen. Klößchen abstechen (mit einem nassen
Teelöffel) und 10 Minuten in heißer, aber nicht kochender Suppenbrühe
liegen lassen.

Erbsensuppe

Zutaten

250 g getrocknete Erbsen; 100 g Kartoffeln; 2 Zwiebeln, 2 Knoblauch-zehen (nach Geschmack); 100 ml Sahne; 2 Paar Wiener Würstchen; Salz; Pfeffer; Muskat; 1 TL Majoran; 1 TL Gemüsebrühepulver

Zubereitung

Erbsen am Vortag waschen und in 1¼ l kaltem Wasser einweichen.

Erbsen im Einweichwasser mit etwas Salz ca. 1 Stunde kochen.

Kartoffeln schälen und in 1 cm große Würfel schneiden, die Zwiebeln und Knoblauchzehen schälen, würfeln und mit dem Majoran ½ Stunde vor dem Garende dazugeben und mitkochen. Wenn die Erbsen weich sind, Sahne, Gemüsebrühepulver und Gewürze dazugeben. Mit einem Mixstab pürieren, abschmecken. Die Würstchen in Scheiben schneiden und in die Suppe geben.

Unser Caritas-Tipp

Dazu passen gut geröstete Weißbrotwürfel.

Suppeneinlage: Grießnockerln

Zutaten

500 g Rinderknochen; 1 Stange Lauch; 2 Karotten; etwas Sellerie; Salz;
1 Lorbeerblatt; 2 Nelken; 1 Zwiebel; 2 EL Butter; 1 Ei;
2 TL gehackte Petersilie; Muskat; 100 g Grieß

Zubereitung

Die gewaschenen, zerkleinerten Knochen in kaltem Wasser aufsetzen
und 2 Stunden kochen lassen. Das Gemüse, Salz, die mit Lorbeerblatt
und Nelken besteckte Zwiebel zugeben. Eine weitere Stunde kochen.
Danach die Brühe vorsichtig abseihen, das Gemüse möglichst als Einlage
(fein geschnitten) verwenden. Die Knochen können noch weiter gekocht
werden.

Butterm mit dem Ei schaumig rühren und Petersilie zugeben. Salz,
Muskat zufügen und den Grieß untermengen.
Ca. ½ Stunde quellen lassen. Danach aus der Masse mit einem kleinen
Löffel Klößchen formen, in die siedende Fleischbrühe geben und gar
ziehen lassen.

Tomatensuppe mit Grünkern

Zutaten

100 g Grünkern, geschrotet; 1 kg Tomaten; 2 Zwiebeln; Salz; Pfeffer; 2 EL Olivenöl

Zubereitung

Die Tomaten waschen, den Strunk herausschneiden und in kleine Würfel schneiden, Zwiebeln schälen und fein würfeln.

1 EL Olivenöl in einem Topf erhitzen, den Grünkern darin leicht anrösten, bis er nussig riecht.

Dann die Tomatenwürfel und Zwiebeln hinzugeben und ca. 15 Minuten köcheln lassen. Die Suppe mit Salz, Pfeffer und dem restlichen Olivenöl abschmecken.

Huhn-Reis-Suppe

Zutaten

1 Hühnerkeule; 1 Zwiebel; ½ Sellerieknolle; 1 Stange Lauch;
2 Möhren; Salz; weißer Pfeffer; 1 Lorbeerblatt; 1 TL Curry;
1 Tasse Reis; 1 Bund Schnittlauch

Zubereitung

Die Hühnerkeule mit Zwiebelwürfeln, Selleriewürfeln, Lauchwürfeln
und Möhrenwürfeln in einen Topf geben. 1¼ l Wasser zugießen und
aufkochen lassen. Mit Salz, Pfeffer, Lorbeerblatt, Curry würzen und
etwa 30 Minuten kochen. Danach Reis zufügen und noch 20 Minuten
kochen. Gegartes Hühnerfleisch von den Knochen lösen und würfeln.
Wieder in die Suppe geben, fein geschnittenen Schnittlauch zufügen und
abschmecken.

Feine Kartoffelcremesuppe

Zutaten

1 Zwiebel; ca. 350 g Kartoffeln; 1 Stange Lauch; 1 Möhre;
¼ Sellerieknolle; 3 EL Butter; 1 l Fleischbrühe; 1 Lorbeerblatt; einige
Petersilienstängel; Salz; Pfeffer; 125 ml Sahne; Muskat; evtl. Suppenbrühe

Zubereitung

Zwiebel schälen und fein hacken. Kartoffeln schälen und in Würfel
schneiden. Lauch waschen, das Weiße in grobe Ringe schneiden, den
hellgrünen Teil fein würfeln und beiseitelegen. Die Möhre und die
Sellerieknolle schälen, mit dem Gemüsehobel jeweils einige feine
Scheiben abschneiden (zunächst längs in schmale Streifen, dann quer
in winzige Würfel schneiden). Es sollte jeweils etwa zwei Esslöffel
Gemüsewürfel ergeben. Den Rest nur grob zerkleinert zusammen
mit den Zwiebeln, Kartoffelstücken und weißen Lauchringen in
zwei Esslöffeln heißer Butter andünsten. Mit Brühe auffüllen. Das
Lorbeerblatt zufügen, die von den Blättern befreiten Petersilienstiele
zufügen, salzen und pfeffern. Zugedeckt etwa 20 Minuten weich kochen.

Inzwischen die feinen Gemüsewürfel in einem Löffel Butter andünsten,
dabei salzen, damit sie ihre leuchtende Farbe behalten. Die weich
gekochten Kartoffeln mit dem Pürierstab fein zerkleinern, dabei die
Sahne zufügen. Wenn nötig, die Konsistenz mit einem zusätzlichen
Schuss Brühe korrigieren. Die Suppe mit Salz, Pfeffer und Muskat
abschmecken. Vor dem Servieren mit dem Pürierstab noch einmal
aufschäumen. Jetzt die bunten Gemüsewürfel und die fein gehackten
Petersilienblätter in die Suppe rühren. In tiefen Tellern anrichten.

Unser Caritas-Tipp

Die Suppe schmeckt auch kalt.

Kalte Buttermilchsuppe

Zutaten

1 l Buttermilch; ½ Bund Radieschen; ½ Gurke; 2 Eier; 2 Kartoffeln; Schnittlauch; Petersilie; Dill (Menge nach Belieben); Salz oder besser Kräutersalz; Pfeffer; evtl. Mineralwasser

Zubereitung

Kartoffeln waschen, kochen, schälen und abkühlen lassen. Eier kochen und abkühlen lassen.

Kartoffeln, Eier und Gemüse in 1 cm große Würfel schneiden, Radieschen etwas kleiner.

Kräuter waschen, trocken schleudern (z. B. im Geschirrtuch oder der Salatschleuder), diese ebenso klein schneiden. Alle Zutaten mischen, mit etwas Salz und Pfeffer würzen. Vor dem Servieren die Buttermilch dazugeben. Wenn die Suppe zu cremig ist, einfach mit Mineralwasser verdünnen.

Unser Caritas-Tipp

Diese kalte Köstlichkeit schmeckt im Sommer besonders gut.

Kohlrabisuppe

Zutaten

3–4 Kohlrabi ; 3 Möhren; 1 Steckrübe; 2 Zwiebeln; 2–3 EL Butter;
1 l Fleischbrühe; 1–2 Lorbeerblätter; 2 Wacholderbeeren;
etwa 10 schwarze Pfefferkörner; ½ Brötchen; 350 g Gehacktes
(halb Rind-, halb Schweinefleisch); 1 Ei; gemahlener Pfeffer; Salz;
gehackte Petersilie

Zubereitung

Vom Kohlrabi die Blätter entfernen, die kleinen Blätter beiseitelegen.
Die Kohlrabi schälen, waschen und in Würfel schneiden. Möhren putzen,
waschen und in Scheiben schneiden. Die Steckrübe schälen, waschen
und in Würfel schneiden. Zwiebeln abziehen und fein würfeln.

Die Butter zerlassen. Die Würfel einer Zwiebel darin glasig dünsten,
die Steckrübenwürfel hinzufügen und dünsten lassen. Fleischbrühe
hinzugießen, zum Kochen bringen und ca. 5 Minuten kochen
lassen. Möhrenscheiben und Kohlrabiwürfel mit Lorbeerblättern,
Wacholderbeeren, Pfefferkörnern hinzufügen. Dann die Suppe zum
Kochen bringen.

Das Brötchen in kaltem Wasser einweichen und gut ausdrücken.
Gehacktes mit der Brötchenhälfte, den restlichen Zwiebelwürfeln
und dem Ei gut vermengen. Mit Pfeffer und Salz würzen. Aus der
Hackfleischmasse Klößchen formen, nach etwa 15 Minuten Garzeit in
die Suppe geben und zum Kochen bringen. Die Klößchen 7–10 Minuten
darin gar ziehen lassen. Die Suppe abschmecken, die zurückbehaltenen
Kohlrabiblättchen abspülen, abtropfen lassen, hacken und in die Suppe
geben.

Vor dem Servieren mit Petersilie bestreuen.

Kressesuppe

Zutaten

125 g Gartenkresse; 125 ml süße Sahne; 1 Eigelb; 1 Pckg. Kalbfleischsuppe oder 0,75 l Grundrezept Rindersuppe; Muskat

Zubereitung

Kresse waschen, mit süßer Sahne und Eigelb im Mixer fein zerkleinern.
Päckchen Kalbfleischsuppe nach Vorschrift mit 0,75 l Wasser zubereiten
oder eine Grundbrühe Rindersuppe herstellen.

Kressemischung in die Suppe einrühren, erhitzen, aber nicht kochen
lassen und mit Muskat würzen.

Kürbiscremesuppe

Zutaten

700 g Kürbis, z. B. Hokkaido; 1,5 l Instant-Gemüsebrühe oder
1,5 l Grundrezept Gemüsebrühe; Salz; Muskat; 2 EL Kürbiskernöl;
200 g Brotwürfel; 2 EL Kürbiskerne; 2 Eier

Zubereitung

Den geputzten, grob zerkleinerten Kürbis mit Gemüsebrühe, Muskat und
Salz weich kochen (ca.15 Minuten), mit dem Mixstab pürieren.

Für die Suppeneinlage die Brotwürfel mit Kürbiskernöl und den
grob gemahlenen Kürbiskernen rösten. Die Eier verquirlen, über die
Brotwürfel gießen und stocken lassen. Die Masse mit der Gabel zerteilen
und vor dem Servieren über die Suppe streuen.

Unser Caritas-Tipp

Kürbiskernöl besser in kleinen Mengen kaufen (z. B. 100-ml-Flasche),
denn geöffnet ist das Öl nicht lange haltbar.

Markklößchensuppe

Zutaten

50 g Ochsenmark (ca. 2 Markknochen); 2 Eier; 100 g Semmelbrösel; Petersilie; etwas Instant-Gemüsebrühe; Muskat; 1 l Fleischbrühe

Zubereitung

Das Ochsenmark klein schneiden und in einer Pfanne zerlassen. Fett durch ein Sieb abgießen, kalt stellen und danach mit dem Schneebesen recht schaumig rühren. Die Eier nach und nach gut unterrühren.

Unter die Masse die Semmelbrösel, gehackte Petersilie, die Instant-Gemüsebrühe und Muskat mischen. Alles gut verkneten und ca. 20 Minuten ruhen lassen. Mit befeuchteten Händen kleine Klößchen formen und diese in Salzwasser ziehen lassen, aber nicht kochen.

Die Fleischbrühe erhitzen, die Markklößchen hineingeben, in Tellern anrichten, dann servieren.

Minestrone

Zutaten

3 EL Öl; 1 Zwiebel; 2 Knoblauchzehen; 200 g grüne Bohnen;
100 g Karotten; 1 Stange Lauch; 200 g Zucchini; 3 Tomaten;
100 g kleine Nudeln oder Spaghetti, in kleine Stücke gebrochen;
1½ l Instant-Gemüsebrühe; Salz; Pfeffer; getrockneter Thymian;
Rosmarin; Oregano; 1 EL Weinessig; Parmesankäse

Zubereitung

Die Zwiebel und den Knoblauch schälen und fein würfeln, Bohnen und Zucchini in kleine Stücke schneiden, Karotten schälen und in ½ cm dicke Scheiben schneiden. Den Lauch waschen, in Ringe schneiden. Die Tomaten waschen, vierteln, den Strunk wegschneiden und klein schneiden. Wer die Tomatenkerne in der Suppe nicht haben möchte, halbiert die Tomate, Flüssigkeit mit den Kernen in ein Sieb geben und abseihen. Die abgeseihte Flüssigkeit in der Suppe mitkochen.

1 EL Öl in einem Topf erhitzen, Zwiebeln mit Knoblauch andünsten, Gemüse dazugeben und kurz dünsten. Mit der Brühe aufgießen, getrocknete Kräuter dazugeben und 20 Minuten bei geringer Hitze kochen. Tomaten und Nudeln zugeben, mit Salz und Pfeffer würzen, noch ca. 5 Minuten kochen. Restliches Olivenöl, Weinessig und geriebenen Parmesan untermengen.

Unser Caritas-Tipp

Eine Pestosauce getrennt zur Minestrone reichen:
Dazu 3 Bund grob geschnittenes Basilikum, 2 EL Mandeln, 2 EL geriebenen Parmesankäse, 2 Knoblauchzehen mit 100 ml Olivenöl in einem Becher mit dem Mixstab pürieren.

Nudelsuppe mit Hühnerfleisch

Zutaten

500 g Hühnerteile; 2 Nelken; 1 Lorbeerblatt; 1 Zwiebel; 2 Möhren; Salz; Pfeffer; 1 TL Streuwürze; 1 Stange Lauch; 2 Eier; 4 EL Milch; Muskat; 100 g Suppennudeln; 1 Bund Petersilie oder Kerbel; Plätzchenform Halbmond o. ä.

Zubereitung

Hühnerteile waschen, in 1¼ l kaltes Wasser geben und aufkochen. Mit Nelken und Lorbeerblatt besteckte Zwiebel, geputzte Möhren, Salz, Pfeffer und Streuwürze zugeben und etwa 1 Stunde langsam kochen lassen. Lauch nach ½ Stunde zugeben.

Eier mit Milch, Muskat und Salz verquirlen und in einer beschichteten Pfanne (Antihaft) bei geringer Hitze zugedeckt stocken lassen. Auf Backpapier stürzen und mit der Plätzchenform Halbmonde ausstechen.

Fleisch von den Knochen ablösen, Gemüse würfeln, in Topf geben und Brühe daraufgießen. Nudeln zugeben und 5 Minuten kochen. Gehackte Kräuter und Eierstich beifügen und die Suppe nochmals mit Salz und Pfeffer abschmecken.

Linsen-Paprika-Suppe

Zutaten

100 g braune Linsen; 1 Zwiebel; 2 Knoblauchzehen; 150 g Paprika rot, grün oder gelb; 1 EL Tomatenmark; 700 ml Gemüsebrühe; 1 Lorbeerblatt; 1 TL Oregano; ½ TL Rosmarin; Salz; Pfeffer; 3 EL Olivenöl; 2 EL Crème fraîche; 2 EL Orangensaft

Zubereitung

Linsen waschen und in einer Schüssel mit reichlich kaltem Wasser bedecken und 12 Stunden quellen lassen. Zwiebel und Knoblauch schälen und fein würfeln. Die Paprika waschen, Strunk und Kerngehäuse entfernen und in kleine Würfel schneiden. Das Öl in einem Topf erhitzen, Zwiebel und Knoblauch darin glasig dünsten. Linsen abtropfen und mit ¾ Menge der gewürfelten Paprika in den Topf dazugeben, kurz mitdünsten. Tomatenmark, Brühe, Oregano, Rosmarin hinzugeben und ca. 20 Minuten bei mittlerer Hitze kochen. Lorbeerblatt entfernen, mit Salz und Pfeffer würzen. Sollte die Suppe noch etwas dünnflüssig sein, mit dem Mixstab eine kleine Menge pürieren. Restliche Paprikawürfel in die Suppe geben.

Crème fraîche mit Orangensaft verrühren und vor dem Servieren in die angerichteten Suppenteller geben.

Links: Vinaigrette
Rechts: Salat Nizza

Salate & Dressings

Vorschläge für Salatdressings

Vinaigrette

Zutaten

2 gestr. TL Senf; 1 TL frische Petersilie, fein gehackt; 3 TL Zwiebeln, fein gehackt; 1 Knoblauchzehe, fein gehackt; 1 TL Zucker; ½ TL Salz; 40 ml Weißweinessig; 40 ml Olivenöl; 80 ml Wasser; Pfeffer nach Belieben

Zubereitung

Alle Zutaten vermischen. Dabei können Sie einen Mixer oder einen Schneebesen verwenden. Die Vinaigrette sollte idealerweise ein paar Stunden vor dem eigentlichen Verzehr zubereitet werden, weil sie dadurch mehr Aroma bekommt. Vor dem Servieren noch einmal gut schütteln.

Joghurtdressing

Zutaten

4 EL Naturjoghurt; 3 EL Sauerrahm oder Buttermilch; 4 EL Salatöl; 2 EL Zitronensaft; 1 TL Honig; 1 TL Senf; Kräutersalz; weißer Pfeffer; 1 EL frische Kräuter nach Belieben, gehackt

Zubereitung

Alle Zutaten vermischen, über den Salat geben.

Dressing italienische Art

Zutaten

4 EL Olivenöl; 2 EL Rotweinessig oder Balsamico; ½ Knoblauchzehe, fein gehackt; 1 TL Senf; Salz; schwarzer Pfeffer; 1 TL Oregano, getrocknet

Zubereitung

Am besten alle Zutaten in einen Schüttelbecher oder ein Schraubglas geben, verschließen und gut durchschütteln.

Unser Caritas-Tipp

Ölmarinade, ohne verderbliche Zutaten wie frische Kräuter oder Zwiebeln, kann auf Vorrat hergestellt werden. Diese ist in einem Schraubglas im Kühlschrank etwa 4 Wochen haltbar.

Vor Gebrauch gut schütteln.

Waldorfsalat

Zutaten

1 Sellerieknolle, ca. 400 g; 2 Äpfel; 50 g gestiftelte Walnüsse oder Mandeln; 150 g Naturjoghurt; 3 EL Zitronensaft; 4 EL Salatöl; Salz; Pfeffer

Zubereitung

Sellerie waschen, schälen , raspeln und sofort mit Zitronensaft mischen. Äpfel waschen, stifteln und unter die Masse mengen. Restliche Zutaten dazugeben und abschmecken.

Eissalat mit Joghurt-Kräuter-Dressing

Zutaten

1 Eissalat; 200 g Naturjoghurt; 1 gestr. TL Salz; 2 EL Essig; 1 Prise Pfeffer; 4 EL Öl; 1,5 TL Salatkräuter; 2 TL Zucker

Zubereitung

Den Eissalat waschen und in mundgerechte Stücke zerkleinern. Alle anderen Zutaten zusammen vermengen, abschmecken und den Eissalat mit dem Dressing vermischen.

Salatteller Griechische Art

Zutaten

250 g Tomaten; 250 g Gurken; 250 g Paprika, grün, rot oder gelb;
100 g Zwiebeln; 100 g schwarze Oliven; 200 g Schafskäse; 4 EL Olivenöl;
1 EL Saft einer Zitrone; 1 TL Oregano; Salz; Pfeffer; frisches Basilikum

Zubereitung

Tomaten waschen, vierteln und den Strunk entfernen. Gurke waschen, der Länge nach halbieren und in 1 cm dicke Scheiben schneiden. Paprika waschen, Stiel und Kerngehäuse entfernen und in 1 cm breite Streifen schneiden. Zwiebeln schälen und in feine Ringe schneiden (z. B. mit dem Hobel oder der Brotschneidemaschine). Basilikum waschen und mit einer Salatschleuder trocken schleudern. Olivenöl, Zitronensaft und Gewürze vermischen, am besten in einem Schüttelbecher. Alles Gemüse, Dressing und gehacktes Basilikum in eine Schüssel geben und vermengen.

Über den angerichteten Salat den in kleine Würfel geschnittenen Schafskäse streuen.

Böhmischer Kartoffelsalat

Zutaten

1 kg Kartoffeln; 3–4 saure Gurken; 3 Eier; 2 Zwiebeln; Salz; Pfeffer;
1 Glas Mayonnaise; 150 g Naturjoghurt; Salz; Pfeffer

Zubereitung

Kartoffeln kochen, schälen und in Scheiben schneiden. Die in Würfel
geschnittenen Gurken, die leicht braun gebratenen Zwiebelwürfel,
die hart gekochten und klein geschnittenen Eier zu den Kartoffeln
geben. Alles mit Salz, Pfeffer, Mayonnaise (mit Naturjoghurt strecken)
vermengen und kalt stellen.

Unser Caritas-Tipp

Mit dem Saft der Gurke wird der Salat etwas deftiger. Wer möchte, kann
Grill- oder Bratwurst dazu reichen.

Chinakohlsalat mit Paprika

Zutaten

1 Chinakohlkopf; 1 Paprika; 1 TL Salz; 1 Prise Zucker; etwas Pfeffer; 1 TL Essig; 1 EL Öl

Zubereitung:

Chinakohl in Streifen schneiden, waschen und abtropfen lassen. Paprika waschen und in kleine Streifen schneiden. Aus Salz, Zucker, Pfeffer, Essig und Öl eine Marinade machen. Salat und Paprika mit der Marinade mischen.

Gemischter Salat „Nizza"

Zutaten

250 g gemischte Blattsalate, z. B. Eichblatt, Lollo rosso, Radicchio; 1 Bund Radieschen; 2 Tomaten; ½ Gurke; 1 Paprika; 100 g Champignons (Steinchampignons sind aromatischer);100 g Mozzarella (1 Packung); 100 g schwarze Oliven; nach Belieben frische Kräuter wie Schnittlauch, Petersilie oder Dill; 4 EL Salatöl; 1 EL Apfelessig; Salz; Pfeffer; 1 TL mittelscharfer Senf; 1 TL Honig

Zubereitung

Blattsalat waschen und trocken schleudern. Radieschen waschen und in Scheiben schneiden. Tomaten waschen, Strunk herausschneiden, halbieren und in Scheiben schneiden. Gurke waschen, längs halbieren und in Scheiben schneiden. Paprika waschen, Stiel und Kerngehäuse entfernen und in Streifen schneiden. Champignons trocken abbürsten und in Scheiben schneiden. Mozzarella abtropfen lassen und in Scheiben schneiden.

Kräuter waschen, trocken schleudern. Salatöl, Essig, Salz, Pfeffer, Senf und Honig verrühren.

Salatblätter in kleine Stücke zerteilen und auf Tellern anrichten. Alle restlichen Zutaten ebenso verteilen und Dressing darübergeben. Zum Schluss die klein geschnittenen Kräuter darüberstreuen.

Abwandlung

1 Dose Thunfisch (125 g), abgetropft; 1 hart gekochtes Ei, geviertelt, über den Salat geben, Mozzarella evtl. weglassen.

Rote-Bete-Salat

Zutaten

1 kg Rote Bete; 1 TL Kümmel, ganz; 2 EL Salatöl; 6 EL Apfelessig;
3 EL Wasser oder Kochsud; Salz; Pfeffer

Zubereitung

Blätter und Wurzeln so abschneiden, dass die Knollen nicht verletzt werden. Knollen waschen, in einem Topf mit Siebeinsatz 45–60 Minuten weich dämpfen (im Dampfdrucktopf 12–15 Minuten).

Abdampfen lassen, noch heiß schälen und in Scheiben hobeln oder raffeln.

Kümmel dazugeben, Salatöl, Essig, Wasser oder Kochsud, Salz und Pfeffer verrühren und über die noch warmen Rote Bete gießen, gut durchmischen, erkalten lassen.

Salat vor dem Servieren abschmecken, evtl. nachwürzen.

Krautsalat

Zutaten

750 g Weißkraut oder Spitzkohl; 2 TL Salz; 4 TL Kümmel; Pfeffer;
3 EL Apfelessig; 4 EL Salatöl

Zubereitung

Weißkraut putzen, vierteln, waschen. Fein hobeln und dabei den Strunk
entfernen. Das Kraut in einer Schüssel mit Salz und Kümmel vermischen,
stampfen oder mit den Händen drücken.

Apfelessig, Salatöl, Pfeffer über den Salat geben, gut durchmengen.

Den Salat ca. ½ Stunde durchziehen lassen.

Abwandlung:

Krautsalat anmachen, jedoch ohne Öl, durchziehen lassen. 100 g durch-
wachsenen Speck würfeln, knusprig ausbraten, über den Salat geben,
durchmischen. Sofort servieren.

Karotten-Kohlrabi-Rohkost

Zutaten

250 g Karotten; 150 g Kohlrabi; 4 EL Naturjoghurt; 4 EL Salatöl;
3 EL Zitronensaft; Kräutersalz; Pfeffer; etwas frische Petersilie

Zubereitung

Gemüse waschen, schälen und raspeln. Aus den anderen Zutaten ein
Dressing zubereiten und mit dem Gemüse in einer Schüssel vermischen,
noch einmal abschmecken.

Radieschen-Kresse-Salat

Zutaten

2 Bund Radieschen; 4 EL Sauerrahm; 2 EL Zitronensaft; 2 EL Salatöl; 1 TL Honig; 1 TL Senf; Kräutersalz; Pfeffer; 1 Kästchen Kresse; Schnittlauch

Zubereitung

Radieschen putzen, waschen, in dünne Scheiben schneiden und in eine Schüssel geben. Sauerrahm, Zitronensaft, Salatöl, Honig, Senf und Gewürze miteinander verrühren.

Das Dressing über die Radieschen geben und untermengen. Schnittlauch waschen, trocken schleudern (oder in Geschirrtuch einrollen) und in feine Röllchen schneiden.

Kresse mit einer Schere abschneiden und in einem Sieb auffangen. Das Sieb mit der Kresse kurz unter kaltem Wasser waschen, abtropfen lassen.

Schnittlauch und Kresse unter den Salat mengen.

Kräutersalat

Zutaten

300 g verschiedene Blattsalate; Schnittlauch; Petersilie; Thymian; Zitronenmelisse; Salbei; Estragon; Dill und alles, was der Garten noch an Kräutern hergibt

Zubereitung

Die Blattsalate einputzen und waschen. Die verschiedenen Kräuter nicht waschen. Die Blätter der Kräuter von den Stielen abzupfen, ganz lassen oder grob schneiden, aber nicht hacken. Die Kräuter unter den Salat mischen und mit einer Vinaigrette anmachen.

Unser Caritas-Tipp

Wenn Sie frische Kräuter das ganze Jahr über genießen möchten, so beherzigen Sie doch einmal diesen Tipp: Schneiden Sie die Kräuter klein und füllen Sie diese in einen Eiswürfelbehälter aus Plastik. Mit etwas Wasser aufgegossen in das Gefrierfach legen. So können die auf Eis gelegten Kräuter jederzeit portioniert aufgetaut und verwendet werden.

Brotzeit

Hinten: Obatzter
Vorne: Bayerisch Sushi

Bayerisch Sushi herstellen

Diese raffinierte Brotzeitidee
schmeckt auch Kindern, aber vor
allem sieht das Bayerisch Sushi
sehr appetitlich aus.

1. Die Kartoffelmasse mit den Radieschen
   mischen. Es geht aber auch ohne
   Radieschen, wenn man keine bekommt.

2. Den Radi auf dem Gemüsehobel der
   Länge nach dünn hobeln. Dies funk-
   tioniert auch gut mit der Brotmaschine.

3. Die dünnen Radistreifen auf der
   Chinamatte auslegen.

4. Die Kartoffelmasse daraufstreichen, den
   Schnittlauch quer im ganzen Bündel
   darauflegen.

5. Den Radistrudel mit der Matte fest zusammenrollen, anschließend in Plastikfolie
   geben, in den Kühlschrank stellen.

Bayerisch Sushi

Zutaten

1 großen, schönen weißen Radi; 400 g Kartoffeln; ½ Bund Schnittlauch;
Salz; Pfeffer; 2 EL Rapsöl; 6 Radieschen nach Belieben; 1 Chinamatte
(40 x 30 cm, erhältlich im Supermarkt) oder Frischhalte- sowie Alufolie;
Gefrierbeutel; 2 Haushaltsgummis

Zubereitung

Kartoffeln waschen, kochen, schälen und durch die Kartoffelpresse
drücken, abkühlen lassen und mit Salz, Pfeffer sowie dem Öl mischen
und abschmecken. Radieschen waschen, putzen und in kleine Stifte
schneiden und zur Kartoffelmasse geben, mischen.

Schnittlauch waschen, trocknen (in Geschirrtuch einrollen), beiseitestellen. Radi waschen, schälen. Der Länge nach (wichtig: keine Scheiben!)
mit einem Gemüsehobel oder einer Brotmaschine in sehr dünne, lange
Streifen schneiden.

Die Chinamatte ausbreiten, die Radistreifen überlappend – Längsseite an
Längsseite längs zur Matte – auslegen. Kartoffelmasse daraufstreichen,
Schnittlauch im vorderen Drittel quer drauflegen. Falls Radi übrig bleibt,
als Salat zubereiten. Wie einen Strudel aufrollen, danach die Matte oder
Folie ganz fest um den Strudel wickeln. Matte in den Gefrierbeutel geben,
noch einmal fest darin einwickeln, damit die Masse zusammenbleibt, mit
den Gummis verschnüren.

Wenn Sie mit Frischhaltefolie arbeiten, so legen Sie die Frischhaltefolie
auf die Alufolie. Die Arbeitsschritte wie mit der Chinamatte fortführen,
die Enden zudrehen, dann in den Gefrierbeutel geben.

Im Kühlschrank 3 Stunden kalt stellen. Rolle auspacken und diese in
ca. 12 Stücke schneiden.

Bayerischer Wurstsalat

Zutaten

4 Tomaten; 2 rote Zwiebeln; 4 Gewürzgurken; 400 g Fleischwurst; 3 EL Weißweinessig; 6 EL Öl; 2 TL süßer Senf; Salz; Pfeffer; 1 Bund Schnittlauch

Zubereitung

Tomaten entkernen und in dünne Spalten teilen. Zwiebeln schälen und in feine Ringe schneiden. Gewürzgurken würfeln. Fleischwurst in Scheiben schneiden und diese dann halbieren.

Essig und Öl miteinander verrühren, Senf hinzufügen, dann mit Salz und Pfeffer abschmecken.

Schnittlauch waschen und in Röllchen schneiden.

Alles in eine Schüssel geben und gut vermischen. Den Salat anschließend bis zum Verzehr mindestens 30 Minuten ziehen lassen.

Unser Caritas-Tipp

Frisches dunkles Vollkornbrot dazu reichen.

Schweizer Wurstsalat

Zutaten

400 g Fleischwurst; 200 g Emmentaler; 1 Zwiebel; 4 Gewürzgurken;
2 EL Essig; 1 EL Brühe von den Gurken; 5 EL Öl; Salz; Pfeffer;
geschnittener Schnittlauch

Zubereitung

Fleischwurst und Käse in Streifen schneiden. Die Zwiebel in Ringe und
die Gewürzgurken in Scheiben schneiden.

Aus Essig, Gurkensud, Öl, Salz, Pfeffer eine Marinade bereiten und über
die gemischten Zutaten geben. Untermischen und gut durchziehen
lassen.

Unser Caritas-Tipp

Frisches Schwarzbrot oder Pellkartoffeln kann man dazu servieren.

Bulgursalat mit Bohnen

Zutaten

150 g Bulgur; 100 g getrocknete rote Bohnen; 1 grüne Paprika;
4 Frühlingszwiebeln; 1 Zwiebel; 2 Knoblauchzehen; 1 kleine Dose Mais
oder „Mexiko Mix"; 2 TL Bohnenkraut; 1 TL Thymian; 4 EL Salatöl;
3 EL Weißweinessig; 1 TL Senf; Salz; Pfeffer

Zubereitung

Bohnenkerne über Nacht in reichlich kaltem Wasser einweichen.
Bohnen im Einweichwasser mit Bohnenkraut und Thymian etwa
1 Stunde kochen, eine weitere ½ Stunde gar ziehen lassen.

Bulgur mit 250 ml Wasser aufkochen lassen, bei kleiner Hitze 10 Minuten
kochen, weitere 10 Minuten quellen und danach abkühlen lassen.
Paprika waschen, Strunk mit Kernhaus entfernen und in 1 cm große
Würfel schneiden. Frühlingszwiebeln waschen, abtropfen lassen (in ein
Geschirrtuch einrollen) und in Ringe schneiden.

Zwiebel und Knoblauch abziehen, klein würfeln.

Salatöl, Weißweinessig, Senf, Salz und Pfeffer verrühren.

Bohnen, Bulgur und Mais abseihen, in eine Schüssel geben.

Alle restlichen Zutaten zugeben und mit der Marinade vermischen, etwa
zwei Stunden durchziehen lassen. Nochmals abschmecken.

Bohnensalat

Zutaten

200 g getrocknete, gemischte Bohnen (weiß, rot, schwarz oder braun);
2 TL Bohnenkraut oder 2 frische Zweige; 1 TL Thymian; 2 Paprika, grün,
rot oder gelb; 1 Bund Frühlingszwiebeln; 1 Bund Petersilie; 5 EL Salatöl;
3–4 EL Rotweinessig; 1 TL Senf; Salz; Pfeffer

Zubereitung

Bohnenkerne über Nacht in reichlich kaltem Wasser einweichen. Diese
im Einweichwasser mit Bohnenkraut und Thymian etwa 1 Stunde
kochen, eine weitere ½ Stunde gar ziehen lassen.

Paprika waschen, Strunk mit Kernhaus entfernen, vierteln und quer in
feine Streifen schneiden.

Frühlingszwiebeln und Petersilie waschen, abtropfen lassen (in ein
Geschirrtuch einrollen), klein schneiden.

Salatöl, Rotweinessig, Senf, Salz, Pfeffer verrühren.

Bohnen abseihen und in eine Schüssel geben. Restliche Zutaten mit der
Marinade dazugeben und vermengen.

Salat einige Stunden durchziehen lassen. Nochmals abschmecken.

Brotsalat

Zutaten

400 g altbackene Weißbrotscheiben; 1 Bund Frühlingszwiebel ;
500 g Tomaten; 1 Salatgurke; 8 EL Olivenöl; 3 EL Rotweinessig oder
Balsamico-Essig; 1 TL Oregano; Salz; Pfeffer; 1 Knoblauchzehe

Zubereitung

Brotscheiben würfeln, 5 EL Olivenöl in einer Pfanne erhitzen und
Brotwürfel kross braten.

Frühlingszwiebeln waschen, abtropfen, in Ringe schneiden. Tomaten
waschen, Strunk herausschneiden und achteln. Salatgurke waschen, evtl.
schälen, der Länge nach halbieren und in Scheiben schneiden.

Knoblauch abziehen und fein hacken, mit 3 EL Olivenöl, Essig und
Gewürzen verrühren.

Unser Caritas-Tipp

Damit das Brot nicht durchweicht, alle Zutaten erst vor dem Servieren
vermengen.

Nudelsalat

Zutaten

250 g Nudeln; 100 g Erbsen, gefroren; 150 g Karotten; 1 Zwiebel;
100 g Emmentaler Käse oder Gouda; 1 Apfel; 150 g Joghurt;
2 EL Sauerrahm; 4 EL Öl; 2 EL Apfelessig; Kräutersalz; Pfeffer;
Schnittlauch

Zubereitung

Nudeln bissfest kochen, abseihen und mit kaltem Wasser abschrecken, abtropfen lassen.

Karotten waschen, schälen und in Scheiben schneiden. Zwiebel abziehen, würfeln.

2 EL Öl in einem Topf erhitzen, Zwiebel darin glasig dünsten. Karotten und Erbsen dazugeben, bei kleiner Hitze bissfest garen.

Apfel waschen, halbieren, Kernhaus herausschneiden. Käse und Apfel in 1 cm große Würfel schneiden.

Schnittlauch waschen, trocknen (in ein Geschirrtuch einrollen), danach klein hacken.

Joghurt, Sauerrahm, 2 EL Öl, Apfelessig und Gewürze verrühren.

Alle Zutaten in einer Schüssel vermengen, abschmecken.

Rührei

Zutaten

8 Eier; 8 Eierschalenhälften (Mineral-)Wasser; 4 EL frisch geriebener Parmesankäse; 1 Bund gehackte, glatte Petersilie; 4 EL Balsamico-Essig; 4 EL Butter; Salz; Pfeffer

Zubereitung

Alle Zutaten bis auf die Butter miteinander verrühren. Die Butter in der Pfanne zergehen lassen. Die Eimasse hineingeben und stocken lassen.

Unser Caritas-Tipp

Wer es deftig mag, brät Speckwürfel nach Belieben an und gibt diese über das Rührei.

Tomaten-Röstbrote

Zutaten

2 Fleischtomaten; 1 Bund Basilikum; 2 Knoblauchzehen; 2 TL Kapern;
3 EL Olivenöl; Salz; weißer Pfeffer; 4 große Scheiben Weißbrot

Zubereitung

Tomaten waschen, klein würfeln und Stielansätze entfernen. Basilikum
waschen und Blättchen in Streifen schneiden. Knoblauchzehen und
Kapern fein hacken.

Alles mischen, salzen, pfeffern und mit Olivenöl verrühren. Brotscheiben
je einmal durchschneiden und im Toaster oder im vorgeheizten Backofen
goldbraun rösten. Die restlichen Zutaten darauf verteilen und frisch
servieren.

Thunfischsalat

Zutaten

3 EL Öl; 1 Paprika; 200 g Zucchini; 100 g Champignons; 1 Zwiebel;
1 Knoblauchzehe; 4 Tomaten; 150 g Thunfisch in Öl; 50 g Oliven;
wer möchte 2 EL Kapern; 1 Bund Petersilie; 2 EL Rotweinessig oder
Balsamico-Essig; Salz; Pfeffer; 1 TL Oregano

Zubereitung

Paprika waschen, putzen, vierteln und quer in Scheiben schneiden.
Zucchini waschen, Stielansatz entfernen, halbieren und in Scheiben
schneiden. Champignons trocken abbürsten oder mit einem Tuch
abreiben, in Scheiben schneiden. Zwiebel und Knoblauch abziehen und
würfeln.

Tomaten waschen, Strunk herausschneiden und vierteln. Petersilie
waschen, trocken schleudern, fein schneiden.

Öl in einem Topf erhitzen, das Gemüse (ohne Tomaten) kurz anbraten
und in eine Schüssel geben, abkühlen lassen.

Zwiebel und Knoblauch in der Pfanne glasig dünsten, das zurück-
gebliebene Öl ist ausreichend.

Thunfisch in kleine Stücke teilen und mit den restlichen Zutaten zu dem
Gemüse geben.

Ungarischer Reissalat

Zutaten

150 g Langkornreis; 2 EL Öl; 1 Zwiebel; 1 TL Paprikapulver; Salz;
350 ml Gemüsebrühe; je eine rote und grüne Paprika; 100 g Salami
in Scheiben; 100 g Emmentaler Käse in Scheiben; 1 Bund Petersilie;
100 g gekochte Maiskörner; 3 EL Mayonnaise; 100 g Sauerrahm;
2 EL Ketchup; 3–4 EL Weißweinessig; Salz; Pfeffer

Zubereitung

Zwiebel abziehen und fein würfeln. Reis in einem Sieb waschen. Öl in
einem Topf erhitzen, Zwiebelwürfel glasig dünsten, dann den Reis darin
kurz anbraten. Salzen, Paprikapulver und Brühe dazugeben, einmal
aufkochen lassen, dann zugedeckt bei schwacher Hitze ca. 20–25 Minuten
ausquellen lassen. Den gegarten Reis in eine Schüssel geben und
abkühlen lassen.

Paprika waschen, vierteln, putzen und die Viertel quer in Streifen
schneiden.

Salami- und Käsescheiben in Streifen schneiden, Petersilie waschen,
trocken schleudern und schneiden. Mayonnaise, Sauerrahm, Ketchup,
Weißweinessig, Salz und Pfeffer verrühren.

Alle Zutaten in eine Schüssel geben und vermengen, abschmecken.

Brotaufstriche

Heringshäckerle

Zutaten

50 g durchwachsener Räucherspeck; 2 Matjesfilets; 1 Apfel; 1 kleine Zwiebel; 1 Ei; 1 kleine Gewürzgurke; 4 EL Sauerrahm; 1 Bund Petersilie

Zubereitung

Ei 10 Minuten kochen, mit kaltem Wasser abschrecken, abgekühlt schälen und fein hacken. Speck von Schwarte und Knorpel befreien und mit den Matjesfilets sehr fein hacken.

Zwiebel abziehen und mit der Gewürzgurke fein hacken. Petersilie waschen, Blätter abzupfen, abtropfen und fein hacken.

Alle Zutaten miteinander vermengen, mit Salz und Pfeffer abschmecken.

Schinkenaufstrich

Zutaten

3 Eier; 150 g gekochter Schinken; 3 EL Sauerrahm; 1 Bund Schnittlauch; Salz; Pfeffer

Zubereitung

Eier 10 Minuten hart kochen, kalt abschrecken und abgekühlt schälen, fein hacken. Schinken fein hacken. Schnittlauch waschen, abtropfen und in feine Röllchen schneiden.

Alle Zutaten vermengen, mit Salz und Pfeffer abschmecken.

Obatzter

Zutaten

150 g reifer Camembert; 100 g Quark; 50 g weiche Butter; 1 kleine
Zwiebel; 1 TL Paprika, edelsüß; 1 Msp. Paprika, scharf; Pfeffer; Salz;
1 Bund Schnittlauch

Zubereitung

Camembert mit einer Gabel zerdrücken, Quark und Butter unterrühren.

Zwiebel abziehen, fein würfeln und hinzufügen. Mit den Gewürzen und
wenig Salz würzen.

Schnittlauch waschen, abtropfen, in feine Röllchen schneiden und über
den Aufstrich streuen.

Radieschenquark

Zutaten

1 Bund Radieschen; 1 Bund Schnittlauch; 250 g Quark; 2 EL Frischkäse; Kräutersalz; Pfeffer

Zubereitung

Radieschen putzen, waschen und fein hacken. Schnittlauch waschen, abtropfen und in feine Röllchen schneiden.

Quark mit Frischkäse glatt rühren. Radieschen und Schnittlauch unterrühren, mit Salz und Pfeffer würzen.

Unser Caritas-Tipp

Der Aufstrich passt gut zu Vollkorn- oder Knäckebrot.

Sacherkäse

Zutaten

3 Eier; 1 kleine grüne Paprika; 2 Gewürzgurken; 1 Zwiebel; 150 g Quark; 50 g weiche Butter; 1 TL Senf; 1 EL gehackte Petersilie; 1 EL Paprika, edelsüß; Pfeffer; Salz

Zubereitung

Eier 10 Minuten hart kochen, kalt abschrecken, abgekühlt schälen und fein hacken.

Paprika waschen, halbieren, putzen und in dünne Streifen schneiden. Diese danach in feine Würfel schneiden.

Gewürzgurke fein hacken. Zwiebel abziehen, in feine Würfel schneiden.

Petersilie waschen, Blätter abzupfen und abtropfen lassen, fein hacken.

Butter mit Senf und Quark verrühren. Alle restlichen Zutaten unterrühren. Mit Salz und Pfeffer abschmecken.

Eintöpfe

Bauerneintopf

Zutaten

300 g Speck; 300 g Zwiebeln; 500 g Kartoffeln; 700 g Möhren; Pfeffer; Salz; Majoran; 0,5 l Brühe; 3 EL Sauerrahm; Petersilie

Zubereitung

Den in Würfel geschnittenen Speck in einem Topf auslassen, danach die klein gehackten Zwiebeln dazugeben, bräunen. Die rohen Kartoffeln und die Möhren in Scheiben schneiden. In den Topf abwechselnd Möhren und Kartoffelscheiben einschichten; jede Lage mit Salz, Pfeffer und Majoran würzen.

Mit der Brühe auffüllen und bei geringer Hitze ca. 45 Minuten garen. Zuletzt den Sauerrahm darübergeben und mit Petersilie bestreuen, servieren.

Birnen, Bohnen und Speck

Zutaten

500 g geräucherter Speck; ½ TL schwarze Pfefferkörner;
1 kg Schneidebohnen oder Prinzessbohnen; 1 Bund Bohnenkraut;
Salz; 4 kleine Birnen; 1 gestrichener EL Speisestärke; weißer Pfeffer

Zubereitung

Den Speck und die Pfefferkörner in 0,5 l kochendes Wasser geben. Im geschlossenen Topf bei mittlerer Hitze 30 Minuten garen.

Bohnen putzen, waschen, in breite Stücke schneiden und in den Topf geben. Bohnenkraut waschen und etwas zum Garnieren beiseitelegen. Rest mit Küchengarn zusammenbinden und auf die Bohnen legen. Etwas Salz darüberstreuen. Alles bei geschlossenem Topf aufkochen und ca. 15 Minuten garen lassen.

Birnen waschen, vierteln, entkernen und in Spalten schneiden. Auf die Bohnen legen und weitere 5 Minuten garen. Speck, Birnen und Bohnenkraut herausnehmen.

Speisestärke mit wenig kaltem Wasser glatt rühren, alles in den Sud rühren und aufkochen lassen. Mit Salz und Pfeffer abschmecken.

Speck in Stücke schneiden. Die Hälfte des restlichen Bohnenkrauts fein hacken. Birnen, Bohnen und Speck in einer Schüssel anrichten, mit Bohnenkraut bestreuen und garnieren, mit Pfeffer bestreuen.

Unser Caritas-Tipp

Salzkartoffeln schmecken gut dazu.

Bunter Gemüseeintopf mit Fleischwurst

Zutaten

200 g frische grüne Bohnen; 1 mittelgroße Lauchstange; 200 g Möhren;
200 g Kartoffeln; 400 ml Instant-Gemüsebrühe; 1 Lorbeerblatt;
2 Wacholderbeeren; 3 schwarze Pfefferkörner; 100 g Fleischwurst;
1 EL gehackte Petersilie

Zubereitung

Von den Bohnen die feinen Fäden abziehen und den Lauch in Ringe
schneiden. Die Möhren in Würfel schneiden. Die Kartoffeln schälen
und würfeln. Die Brühe zusammen mit den Gewürzen aufkochen. Das
gesamte Gemüse und die Kartoffeln dazugeben und etwa 30 Minuten
bissfest garen. Die Fleischwurst in Würfel schneiden und zum Eintopf
geben. Diesen nochmals mit den Gewürzen abschmecken und vor dem
Servieren mit der Petersilie bestreuen.

Eintopf mit Kartoffeln, Tomaten und grünen Bohnen

Zutaten

400 g Kartoffeln; 1 Zwiebel; 2 EL Öl; 2 Knoblauchzehen; 300 g Brechbohnen (TK); 1 TL Oregano; 1 Dose Tomaten (Inhalt 850 ml);
500 ml Gemüse- oder Fleischbrühe (Instant); Salz; Zucker; Pfeffer;
½ Bund Basilikum; 100 ml Schmand oder saure Sahne

Zubereitung

Kartoffeln schälen, waschen und in Würfel schneiden. Zwiebel schälen und fein hacken.

Öl in einem Topf erhitzen, Kartoffeln, Zwiebel, Knoblauch, Bohnen und Oregano darin andünsten. Die Dosentomaten dazugeben und mit der Brühe auffüllen. Alles bei schwacher Hitze ca. 25 Minuten kochen, bis das Gemüse weich ist. Mit Salz, Zucker und Pfeffer abschmecken.

Basilikum waschen, trocken tupfen und in feine Streifen schneiden. Suppe auf Teller verteilen, Schmand auf die Suppe geben und mit Basilikum bestreuen.

Linseneintopf

Zutaten

250 g getrocknete braune Linsen; ¼ TL Salz; 200 g Speck; 250 g Karotten; 50 g Knollensellerie; 100 g zarter Lauch; 2–3 Kartoffeln; 1 Zweig Liebstöckel; 2 EL Instantbrühe oder 2 Brühwürfel; weißer Pfeffer; 1 TL Weißweinessig; 1 Bund Petersilie; 100 g saure Sahne

Zubereitung

Die Linsen in einem großen Topf mit 1¼ l kaltem Wasser und Salz aufsetzen, alles zum Kochen bringen und zugedeckt etwa 25 Minuten köcheln lassen.

Inzwischen den Speck in Streifen schneiden. Das Gemüse waschen und putzen. Die Karotten, Kartoffeln und den Sellerie schälen und in Würfel schneiden. Den Lauch in Ringe schneiden und diese eventuell nochmals abbrausen. Den Liebstöckelzweig waschen. Das Gemüse und das Liebstöckel zusammen mit dem Schinken nach 25 Minuten Kochzeit zu den Linsen geben und alles zugedeckt nochmals 20 Minuten garen lassen. Die Brühwürfel zerbröckelt (oder die Instantbrühe) in den Topf geben. Den Eintopf mit Pfeffer und Essig abschmecken. Die Petersilie waschen, fein hacken und untermischen. Den Eintopf nochmals kurz aufkochen lassen und dann auf vier Teller verteilen. Die saure Sahne glatt rühren und auf den Tellerportionen verteilen.

Steckrübeneintopf

Zutaten

500 g Schweinebauch; 1 kg Steckrüben; 750 g Kartoffeln; 2 EL Öl; 2 Zwiebeln; Salz; frisch gemahlener weißer Pfeffer; 500 ml Wasser; gehackte Petersilie

Zubereitung

Schweinebauch unter fließendem kalten Wasser abspülen, trocken tupfen und in kleine Würfel schneiden.

Die Steckrüben schälen, waschen und in Stifte schneiden. Kartoffeln schälen, waschen und in Würfel schneiden. Öl erhitzen, das Fleisch unter Wenden schwach darin bräunen. Zwiebel abziehen und würfeln. Kurz bevor das Fleisch genügend gebräunt ist, die Zwiebel hinzufügen und kurz mitbräunen lassen.

Das Fleisch mit den Gewürzen würzen. Wasser hinzufügen und etwa 1 Stunde gar schmoren lassen.

Vor dem Servieren mit gehackter Petersilie bestreuen.

Nasi Goreng

Zutaten

250–400 g Reis; 1 Zwiebel; 1 Lauchstange; 4 Frühlingszwiebeln;
1–2 Karotten (je nach Größe); 1 gehäufter EL frischer Ingwer;
2 Knoblauchzehen; 1 frische, rote Chilischote; 2 Schweineschnitzel
oder 2 Hähnchenbrustfilets; 6–7 EL Öl

Für das Omelett:
3 Eier; Salz; Pfeffer

Zum Würzen:
½ Tasse Instant-Gemüsebrühe; 2 EL helle Sojasoße; 1 EL dunkle
Sojasoße; 1 TL Sambal Oelek (scharfe Würzpaste aus Chili im Glas)

Für die Garnitur:
½ frische Salatgurke

Zubereitung

Reis rechtzeitig kochen, damit er kalt wird. Gemüsesorten waschen
und putzen. Zwiebel in kleine Würfel schneiden. Lauchstange und
Frühlingszwiebeln in feine Ringe schneiden. Karotten schälen, mit dem
Messer zuerst in Scheiben, anschließend in schmale Stifte schneiden.

Ingwer schälen und in sehr kleine Stücke schneiden.

Die Chilischote halbieren, die scharfen Kerne mit einem Messer
entfernen, waschen und in feine Ringe schneiden.

Eine halbe grüne Gurke gut abwaschen, mit einem Messer in Scheiben
schneiden. In einer halben Tasse aufgelöster Brühe helle und dunkle
Sojasoße sowie das Sambal Oelek miteinander verrühren und zur Seite
stellen.

Die Schweineschnitzel oder Hähnchenbrustfilets in schmale Streifen schneiden. Alles neben der Kochstelle zur späteren Verwendung bereitstellen. Für die Omeletts die Eier in einer kleinen Schüssel mit einer Gabel gut verquirlen, gut salzen und pfeffern.

In einer beschichteten Pfanne – in wenig Öl – 2 helle Omeletts backen.

Auf einem Teller ausbreiten, nach dem Auskühlen zu einer Rolle zusammenrollen. Etwas Öl in einem Wok oder einer tiefen Pfanne erhitzen. Zuerst die Fleischstreifen darin ringsum gut durchbraten, herausnehmen, salzen und im Backrohr für später warm halten.

Die Pfanne eventuell am Boden etwas reinigen, erneut etwas Öl erhitzen. Nacheinander zuerst die Zwiebelwürfel, die Chiliringe, den gepressten Knoblauch, die Karotten, den Ingwer und die Frühlingszwiebeln unter ständigem Rühren (nicht zu stark) in etwa 2–3 Minuten anbraten. Mit der bereitgestellten Mischung aus Brühe und Sojasoße ablöschen.

Den kalten Reis mit in die Pfanne geben und unter ständigem Rühren bei starker Hitze mit anbraten.

Zum Schluss die Fleischstreifen unterheben.

Alles nach Geschmack nochmals mit etwas Sojasoße und Sambal Oelek nachwürzen.

Die Omelettrollen mit einem Messer in schmale Streifen schneiden und auf das fertig gegarte Gericht legen.

Außerdem zusätzlich die knackigen Gurkenscheiben, leicht mit Salz bestreut, dazu reichen.

Unser Caritas-Tipp

Dazu passt ein Kräutersalat mit einer Vinaigrette.

Blumenkohlauflauf

Aufläufe

Blumenkohlauflauf

Zutaten

1 Kopf Blumenkohl; 200 g gekochter Schinken, mager; 100 g Käse
(je nach Geschmack); 2 Becher Sahne oder Vollmilchjoghurt; etwas Mehl;
2 Eier; Salz; Pfeffer; Muskat; etwas Butter

Zubereitung

Blumenkohl putzen und den in Röschen geteilten Blumenkohl kurz in
sprudelndem Salzwasser halbweich kochen.

Den Schinken in kleine Streifen schneiden und den Käse fein raspeln.
Die Blumenkohlröschen in eine feuerfeste Auflaufform geben und
mit dem Schinken mischen. Sahne oder Joghurt mit Mehl und Eiern
verrühren. Mit Salz, Pfeffer und Muskat würzen. Den geriebenen
Käse unterrühren und alles über den Blumenkohl geben. Ein paar
Butterflocken darüber verteilen und das Ganze ca. 20 Minuten bei 180 °C
überbacken.

Unser Caritas-Tipp

Wer mag, kann noch ein paar Salzkartoffeln dazu kochen.

Fischauflauf

Zutaten

1 EL Butter; 500 g Fischfilet (z. B. Seelachs, Rotbarsch); 2 Becher Sahne; 1 Packung gemischte Kräuter (TK) oder frische Kräuter (z. B. Petersilie, Dill, Schnittlauch, Thymian); Salz; Pfeffer; 1 EL Tomatenmark; Saft von einer Zitrone

Zubereitung

Eine flache Auflaufform buttern und Fischfilet einlegen. Sahne mit Kräutern, etwas Salz, Pfeffer, Tomatenmark, Zitronensaft mischen und darübergießen.

Im Backofen bei 180 °C Heißluft 30 Minuten backen.

Unser Caritas-Tipp

Wer will, kann auch etwas Käse darüberstreuen und überbacken oder je nach Geschmack Gemüse dazugeben.

Wahlweise mit Baguette, Salzkartoffeln oder Reis servieren.

Gratin Dauphinois

Zutaten

1 kg Kartoffeln; Butter für die Form und für die Flöckchen; 100 g geriebener herzhafter Käse (z. B. Comté, Bergkäse); Salz; Pfeffer; Muskat; 1 Knoblauchzehe; 0,5 l Milch; 250 ml süße Sahne

Zubereitung

Die Kartoffeln schälen und in 3 Millimeter starke Scheiben hobeln (also nicht zu dünn!). In einer dick mit Butter ausgestrichenen flachen Auflaufform verteilen, dabei den geriebenen Käse dazwischenstreuen und darauf achten, dass vor allem die Oberfläche ein hübsches Muster erhält. Achtung: Die Form muss so bemessen sein, dass die Flüssigkeit beim Backen aufsteigen und brodeln kann, ohne überzukochen!

Die Kartoffelscheiben sollten einander möglichst akkurat überlappen. Jede Schicht salzen – nicht zu großzügig, denn der Käse ist salzig genug, aber mutig mit Pfeffer, Muskat und dem gepressten Knoblauch würzen.

Milch und Sahne einfüllen, sie sollten bis knapp unter die Oberfläche reichen. Die Oberfläche mit Butterflöckchen besetzen. Die Form in den auf 200 °C vorgeheizten Ofen schieben. Den Auflauf etwa 70 bis 80 Minuten backen, bis er brodelt, die Oberfläche sich appetitlich golden färbt und man die Kartoffelscheiben leicht mit der Messerspitze durchstechen kann.

Unser Caritas-Tipp

Sollte sich gegen Ende der Garzeit die Oberfläche zu dunkel färben, ein Blatt Alufolie darüberlegen.

Italienischer Reisauflauf

Zutaten

4 Zwiebeln; 2 EL Olivenöl; 200 g Parboiled-Reis; 500 ml Fleischbrühe;
2 Knoblauchzehen; 2 EL Butter; 500 g Hackfleisch (Rinderhackfleisch);
Tomatenmark; Pfeffer; etwas Kräuter; 50 g Butter für die Flöckchen;
100 g geriebener Käse (je nach Geschmack)

Zubereitung

Zwei Zwiebeln fein gewürfelt in der Pfanne langsam glasig werden
lassen. Den Reis darüberschütten und ebenfalls unter Rühren glasig
werden lassen. Mit der Brühe auffüllen. Auf milder Hitze ca. 15 Minuten
ausquellen lassen, bis er die Flüssigkeit aufgesogen hat.

Inzwischen die anderen zwei Zwiebeln fein hacken und mit dem
Knoblauch in der Butter glasig werden lassen. Das Hackfleisch
dazugeben, mit anbraten und mit Tomatenmark, Pfeffer, Kräutern
würzen. Eine Auflaufform mit der Hälfte des fertigen Reises befüllen, die
Fleischmasse daraufgeben und mit dem restlichen Reis bedecken.

Den Auflauf mit geriebenem Käse bestreuen, mit Butterflöckchen
belegen und im vorgeheizten Ofen bei 250 °C ca. 10 Minuten überbacken
lassen.

Unser Caritas-Tipp

Wer möchte, kann dazu eine Tomatensoße reichen. Rezepte dazu finden
Sie im Kapitel Soßen.

Kartoffelauflauf

Zutaten

½ kg Kartoffeln; ½ Zwiebel; 1 Knoblauchzehe; ½ kg Hackfleisch; Salz; Pfeffer; Paprikapulver; 125 g Mais (aus der Dose); 125 g Champignons (aus der Dose); 100 g geriebener Emmentaler; ½ Becher Sahne; 150 g Crème fraîche

Zubereitung

Kartoffeln schälen und anschließend in Salzwasser kochen, aber nicht ganz gar kochen, damit sie auch am Ende noch Biss haben. Nach dem Kochen abkühlen lassen.

Die Zwiebel fein hacken, Knoblauch schälen und durchdrücken. Hackfleisch mit Zwiebel sowie Knoblauch vermischen und mit Salz, Pfeffer, Paprikapulver gut würzen. Das Ganze dann anbraten (am besten portionsweise).

Die abgekühlten Kartoffeln in Scheiben schneiden. Mais und Champignons abtropfen lassen. In eine große Auflaufform immer abwechselnd mit einer Schicht Kartoffeln, Hackfleischmasse und Gemüse füllen. Sahne und Crème fraîche mischen. Mit Salz, Pfeffer und Paprika gut würzen. Die Flüssigkeit anschließend auf dem Auflauf verteilen und den Käse drüberstreuen.

Die Auflaufform dann für 35–40 Minuten bei 175 °C in den vorgewärmten Backofen schieben.

Landfrauenauflauf

Zutaten

200 g gelbe und grüne Bandnudeln; 1 EL Speiseöl; 3 l Salzwasser;
500 g Tomaten; 100 g gekochter Schinken (am Stück); 3 Eier;
150 g Crème fraîche; 4 EL Milch; Salz; frisch gemahlener schwarzer
Pfeffer; geriebene Muskatnuss; ½ Bund Petersilie; Butter für die Form;
200 g Frühlingsquark oder Grüner-Pfeffer-Quark; 3–4 EL Schlagsahne

Zubereitung

Bandnudeln mit Speiseöl in Salzwasser geben, zum Kochen bringen und
ab und zu umrühren. Etwa 8 Minuten kochen lassen und auf ein Sieb
geben. Mit kaltem Wasser übergießen und abtropfen lassen.

Die Tomaten kurze Zeit in kochendes Wasser legen (nicht kochen
lassen), in kaltem Wasser abschrecken, enthäuten. Den Stängelansatz
herausschneiden und die Tomaten in Scheiben schneiden.

Den Speck in Würfel schneiden und mit Eiern, Crème fraîche sowie der
Milch verrühren. Mit den Gewürzen abschmecken.

Den Backofen auf 200 °C vorheizen. Petersilie unter fließendem kalten
Wasser vorsichtig abspülen, trocken tupfen, fein schneiden oder hacken.
Eine flache, feuerfeste Form ausfetten. Eine Schicht Tomatenscheiben
hineingeben und mit Salz, Pfeffer, Petersilie bestreuen. Die Hälfte
der Schinkenwürfel darübergeben. Die Nudeln und die restlichen
Tomatenscheiben mit den Schinkenwürfeln einschichten und die
restlichen Kräuter darüberstreuen. Mit der Eier-Creme-Masse bedecken,
glatt streichen und die Form auf dem Rost in den vorgeheizten Backofen
schieben. Backzeit: ca. 40 Minuten.

Frühlingsquark oder Grüner-Pfeffer-Quark mit Schlagsahne verrühren,
auf den garen Auflauf geben oder dazu reichen. Als Beilage passt ein
Eissalat. Das Rezept finden Sie im Kapitel Salate.

Nudelauflauf mit Hackfleisch

Zutaten

250 g Bandnudeln; 2 große Zwiebeln; 1 Knoblauchzehe; 20 g Butter;
500 g Hackfleisch; Salz; Pfeffer; Paprikapulver; geriebener Thymian;
2 Dosen Tomaten, gestückelte Butter für die Form und für die Flöckchen;
100 g geriebener Gouda oder Emmentaler; 20 g Butter; 125 ml Sahne;
125 ml Milch

Zubereitung

Nudeln gar kochen lassen und abschrecken.

Zwiebeln und Knoblauch fein würfeln und in heißer Butter andünsten.

Hackfleisch zufügen und anbraten. Mit Salz, Pfeffer, Paprika und
Thymian würzen. Tomaten zum Hackfleisch geben und etwa 5 Minuten
mit schmoren lassen.

Abschmecken und zwei Drittel der Nudeln in eine gefettete Auflaufform
geben. Die Hackfleischmasse darübergeben und mit den restlichen
Nudeln bedecken. Die Sahne und die Milch zusammen verrühren, auf
den Auflauf gießen. Käse darüberstreuen und Butterflöckchen daraufsetzen.

Den Auflauf bei 175–200 ° C im vorgeheizten Ofen 35–40 Minuten backen.

Unser Caritas-Tipp

Käse kann ruhig (je nach Geschmack) mehr sein. Wer möchte, kann auch
noch etwas Fetakäse darüberbröseln.

Rosenkohl mit Kasseler

Zutaten

500 g Kartoffeln; 500 g Rosenkohl; 200 g Kasseler ohne Knochen;
1 Zwiebel; 40 g Butter; 30 g Mehl; 150 ml Milch; 250 ml Sahne; Pfeffer;
Salz; 6 Zweige Thymian; 50 g Walnüsse; 100 g geriebener Käse
(je nach Geschmack)

Zubereitung

Kartoffeln schälen, in grobe Stücke schneiden und waschen. Rosenkohl
putzen und waschen (man kann auch gut Tiefkühl-Rosenkohl verwenden). Beides zusammen in kochendem Salzwasser ca. 15 Minuten garen.
Dann in einem Sieb abgießen und das Kochwasser dabei auffangen.

Kasseler in Würfel schneiden. Die Zwiebel klein gewürfelt in heißer
Butter glasig dünsten, dann mit dem Mehl bestäuben.

125 ml Kochwasser (von den Kartoffeln und dem Rosenkohl) mit der
Milch und der Sahne nach und nach angießen und immer rühren, damit
sich keine Klümpchen bilden. Mit Pfeffer und Salz abschmecken.

Thymian waschen und die abgezupften Blättchen zur Soße geben. Die
Walnüsse hacken und den Ofen auf 200 °C vorheizen.

Eine flache Aufflaufform ausfetten und den Rosenkohl, die Kartoffeln
und das Kasseler in die Auflaufform geben. Die Soße darübergießen.
Gehackte Nüsse darüberstreuen und dann zu guter Letzt den geriebenen
Käse über den Auflauf streuen.

Den Auflauf gute 30 Minuten backen.

Sauerkrautauflauf

Zutaten

600 g mehlige Kartoffeln; ½ TL Kümmel; 1 TL Zwiebeln; 1 EL Öl;
300 g Sauerkraut; 1 Lorbeerblatt; 2 Wacholderbeeren; 250 ml Fleischbrühe; Salz; Pfeffer; 250 g Kasseler (Aufschnitt in dickeren Scheiben);
100 g geriebener Käse; Butter für die Form und für Flöckchen

Zubereitung

Geschälte Kartoffeln mit dem Kümmel gar kochen. Die Zwiebel in Stücke
schneiden und in einem Kochtopf mit erhitztem Öl glasig dünsten. Das
Sauerkraut mit dem Lorbeerblatt, den Wacholderbeeren und der Brühe
hinzufügen. Zugedeckt ca. 20 Minuten sanft kochen lassen, hin und
wieder umrühren, später salzen und pfeffern.

Kasseler in Streifen schneiden und unter das Sauerkraut mischen. Den
Ofen auf 180 °C vorheizen.

Die Kartoffeln pürieren. Lorbeerblatt und Wacholderbeeren aus dem
Sauerkraut fischen und ein Drittel der Kartoffelmasse untermischen.
Eine feuerfeste Form ausfetten und das Sauerkraut einfüllen. Den
Käse unter das restliche Kartoffelpüree mischen, pfeffern und auf das
Sauerkraut geben. Die glatt gestrichene Oberfläche mit Butterflöckchen
versehen. Im Ofen ca. 30 Minuten backen.

Unser Caritas-Tipp

Dieser Auflauf lässt sich gut vormittags schichten und abends dann
backen.

Tortellini-Lauch-Auflauf

Zutaten

500 g Lauch; 500 g Tortellini; 30 g Butter; 20 g Mehl; 250 ml Milch;
125 ml Brühe; 200 g Kräuterschmelzkäse; Salz; Pfeffer aus der Mühle;
frisch geriebener Muskat; 800 g Fleischtomaten; 50 g geriebener
Parmesan; 2 EL Schnittlauchröllchen

Zubereitung

Lauch putzen, waschen und schräg in Ringe schneiden. Tortellini in
kochendem Salzwasser 5 Minuten garen. Lauch dazugeben und
3 Minuten mit den Tortellini weiter garen. Beides in einem Sieb abtropfen
lassen.

Butter in einem Topf zerlassen und das Mehl darin anschwitzen. Dann
mit Milch und Brühe ablöschen und unter Rühren 5 Minuten köcheln
lassen.

Schmelzkäse dazugeben, mit Salz, Pfeffer und Muskat würzen.

Tomaten in Scheiben schneiden. Tortellini/Lauch in eine gefettete
Auflaufform geben und die Tomaten darauf verteilen. Zum Schluss die
Soße darübergießen und mit dem Parmesan bestreuen.

Im vorgeheizten Backofen bei 225 °C auf der zweiten Schiene von unten
ca. 30 Minuten backen.

Vor dem Servieren die Schnittlauchröllchen darüberstreuen.

Fleischgerichte

Backhendl mit Knödelfüllung

Fleisch – Warenkunde

Was bedeutet Fleisch für unsere Ernährung?

Fleisch ist einer der bedeutenden Eiweißlieferanten unserer Ernährung.
Das Fleischeiweiß lässt sich grob in zwei Kategorien einteilen:
in das Muskeleiweiß (Albumin, Globuline, Myoglobin) und das
Bindegewebseiweiß (Kollagen und Elastin). Der Fettanteil ist je nach
Fleischsorte und Fleischteilstück unterschiedlich.

Hauptmineralstoff im Fleisch ist das Eisen. Kein Lebensmittel ist besser
dazu geeignet, den Eisenbedarf des Menschen zu decken, da Fleisch nicht
nur reich an dem Mineralstoff ist, sondern tierisches Eisen auch besser
resorbiert werden kann als pflanzliches. Will man die Eisenaufnahme
zusätzlich unterstützen, empfiehlt es sich, Vitamin-C-haltige
Lebensmittel als Beilage zu essen. Besonders reich an Eisen sind übrigens
rote Fleischsorten wie zum Beispiel Rind.

Unter den enthaltenen Vitaminen findet man vor allem Vitamin B12. Dies
ist ein Vitamin, das ausschließlich in tierischen Lebensmitteln enthalten
ist. Es wird für lebenswichtige Stoffwechselvorgänge im Körper benötigt.

Wie beurteilt man Fleisch?

Beim Metzger Ihres Vertrauens können Sie in der Regel davon
ausgehen, dass Sie abgehangenes Fleisch bekommen. Das kann auch
eine zertifizierte Metzgerei im Supermarkt sein. Es gilt die Faustregel:
Je größer das Tier, desto länger sollte das Fleisch abgehangen werden.
Fragen Sie danach. Bei Ware, die man abgepackt mitnehmen kann,
mangelt es oft an Informationen, sie kann jedoch preislich günstig sein.
Achten Sie gerade beim Fleisch auf die Herkunft. Lieber bessere und
regionale Qualität kaufen, dafür weniger in den Einkaufskorb legen.

Wie bewahrt man Fleisch auf?

Fleisch zählt zu den leicht verderblichen Lebensmitteln. Deswegen gehört es nach dem Einkauf sofort in den Kühlschrank. Das Fleisch nehmen Sie aus der Verpackung und geben es in eine Metallschüssel. Anschließend mit Frischhaltefolie geruchsdicht abdecken. Im Kühlschrank sollte Fleisch an der kältesten Stelle gelagert werden. Bei 0–4 °C hält sich Rindfleisch drei bis vier Tage. Kalb- und Schweinefleisch sollten Sie innerhalb von zwei bis drei Tagen zubereiten, Hühnerfleisch am besten noch am selben Tag.

Falls Sie eingekauftes Fleisch später zubereiten möchten, so frieren Sie es am Kauftag in einem geeigneten Behälter oder einem dicken Gefrierbeutel ein, um Gefrierbrand zu vermeiden.

Wie bereitet man Fleisch richtig zu?

Wie bereits erwähnt, sollte Fleisch nicht lange im Kühlschrank liegen, ehe es zubereitet wird. Braten Sie Hühner- und Putenfleisch grundsätzlich komplett gar, um Gesundheitsschäden zu vermeiden. Schwein sollte ebenfalls gar sein. Bei Kalb- und Rindfleisch ist es durchaus Geschmackssache, ob man es im Inneren etwas roh zubereitet genießen möchte.

Backhendl mit Knödelfüllung

Zutaten Hähnchen

1 großes Hähnchen mit Innereien (Magen, Herz, Leber und Hals);
2 altbackene Semmeln; 1 Zwiebel; 1 mittelgroßes Ei; 2 EL gehackte
Petersilie; 200 ml lauwarme Milch; Salz

Zutaten Marinade

250 ml Bier (hell oder dunkel); 1 TL Öl; Salz; Pfeffer; Paprikapulver

Zubereitung

Hähnchen waschen und trocken tupfen. Die Innereien – außer den Hals
– ganz klein schneiden und zu den ebenfalls klein geschnittenen alten
Semmeln geben. Die Zwiebel klein würfeln. Das Ei und die Petersilie
ebenso dazugeben. Die lauwarme Milch nun über die Semmelmischung
geben und durchziehen lassen. Salz nach Geschmack dazu. Die Semmeln
sollten weich sein, aber die Mischung nicht zu flüssig.

Den Backofen auf 190 °C Ober- und Unterhitze vorheizen. Wenn möglich
Heißluft-Grill-Kombination verwenden, dann wird das Hähnchen auch
super knusprig.

Das Hähnchen mit der Semmelmasse füllen. Bier, Öl, Salz, Pfeffer und
Paprikapulver verrühren, Hähnchen damit rundherum einpinseln. In
eine Bratreine mit der Brust nach unten legen, restliche Marinade und
den Hals in die Bratreine geben.

Bei 190 °C ca. 90 Minuten knusprig braten. Nach der halben Garzeit
Hähnchen wenden, mit der Marinade bepinseln, etwas Wasser auffüllen.
Das Hähnchen vierteln, mit Bratensoße anrichten.

Dazu passt Kartoffelsalat.

Bratwurstpfanne

Zutaten

12 Würstchen (Nürnberger Rostbratwürstchen); 1 Zwiebel; 1 Knoblauch-
zehe; Öl zum Anbraten; 3 bunte Paprikaschoten; 500 g gemischtes
Gemüse (evtl. TK); etwas Sahne; 1 Gemüsebrühwürfel; Ketchup; Salz;
Pfeffer; Oregano; Basilikum

Zubereitung

Die Bratwürstchen in Scheiben schneiden, Zwiebel und Knoblauch
hacken, in Öl anschwitzen. Würstchenscheiben und Gemüse dazugeben.
Einige Zeit unter gelegentlichem Umrühren braten, bis das Gemüse gar
ist. Dann mit Sahne aufgießen und mit Brühwürfel, Ketchup, Salz, Pfeffer
und Kräutern abschmecken.

Unser Caritas-Tipp

Als Beilage passen Reis oder Nudeln, aber auch einfach ein frisches
Baguette und grüner Salat.

Bayerischer Schweinebraten

Zutaten

750 g Schweinefleisch mit Schwarte (Schlegel, Bug, Kotelettgrat); Salz; Pfeffer; Kümmel; Knoblauch; Majoran; Rosmarin; Basilikum; 2 Zwiebeln; 1 kleines Stück Sellerie; 1 Stück Brot – Rinde für die Soße; 500 ml Bier oder Wasser

Zubereitung

Fleisch waschen und mit den Gewürzen einreiben. Zwiebeln halbieren, Sellerie grob hacken und Brotrinde vom Brot abtrennen. Ofen auf 220 °C vorheizen. Fleisch mit der Schwarte nach unten in den Bräter legen, mit wenig kochendem Wasser zugedeckt etwa ¼ Stunde dämpfen, dadurch wird das Ausschmelzen des Fetts erleichtert und die Schwarte etwas weich. Schwarte dann etwa ½ cm tief karoförmig einschneiden, damit das Fett gut ausbraten kann, Bratzutaten zugeben.

Wenn alles Wasser verdampft ist, beginnt das Braten. Fleisch bei guter Bratenhitze offen in der Röhre braten lassen, öfter mit ausgebratenem Fett und heißem Bratensaft begießen. Sobald das Fleisch und die Bratzutaten eine schöne braune Farbe haben, wenig kochende Flüssigkeit seitlich zugießen. So lange weitermachen, bis der Braten gar und knusprig ist. Bei sehr fettem Braten ausgebratenes Fett abschöpfen, um eine knusprige Schwarte zu erhalten. Diese unmittelbar vor Ende der Garzeit mehrmals mit kaltem Wasser oder Bier bestreichen und noch kurz in der heißen Röhre überbraten.

Kleine Fleischstücke bei 200–230 °C, größere bei 190–200 °C braten. Bratzeit je nach Dicke des Fleischstücks: bis 1 kg ca. 1½ Stunden, darüber länger braten. Braten aus der Soße nehmen, zugedeckt heiß stellen und mindestens 5–10 Minuten ruhen lassen, damit der Saft beim Tranchieren nicht ausfließt. Soße seihen, sehr fette Soße entfetten, Bratenansatz lösen und in der Soße aufkochen lassen. Falls nötig, ein wenig kochende Brühe zugeben.

Unser Caritas-Tipp

Nach Belieben mit Mehlteig ein wenig binden, verbessern und abschmecken. Dazu schmecken Salzkartoffeln oder Knödel.

Chili con Carne

Zutaten

2 Zwiebeln; 350 g Rinderhackfleisch; 2 Dosen Kidneybohnen;
150 ml Wasser; 140 g Tomatenmark; 1 Lorbeerblatt; ½ TL Paprikapulver; 2–3 Chilischoten (frisch oder getrocknet) oder Cayennepfeffer
(je nach Geschmack)

Zubereitung

Zwiebeln schälen und in einem Topf glasig dünsten. Gehacktes zu den
Zwiebeln geben und durchbraten. Die Bohnen abspülen und mit dem
Wasser in den Topf geben.

Tomatenmark und Chilischoten zugeben und gut verrühren, bis alles
gleichmäßig verteilt ist. Das Lorbeerblatt, das Paprikapulver und
die Chilischoten (frisches Chili abwaschen, Kerne und Innenwände
entfernen, klein schneiden) zugeben.

Chili 10 Minuten bei schwacher Hitze köcheln lassen. Danach das
Lorbeerblatt herausfischen.

Unser Caritas-Tipp

Das Chili kann man mit Reis oder Tortillas servieren. Gegen die Schärfe
kann man Joghurt oder saure Sahne dazu reichen.

Döner aus Putenfleisch

Zutaten

500 g Putenbrust; 1 EL Olivenöl; Salz; Pfeffer; ½ TL Chilipulver; 450 g Gemüse (nach Wahl); 1 Salat; 1 Knoblauchzehe; 1 EL frische Kräuter; 150 g Joghurt (3,5 %); 4 kleine Fladenbrote (Rezept siehe Kapitel Beilagen)

Zubereitung

Fleisch in Streifen schneiden, im heißen Öl anbraten und mit Salz, Pfeffer, Chili würzen. Gemüse entweder klein raspeln oder kurz kochen. Salat waschen und zerpflücken. Knoblauch pressen und mit Kräutern, Salz, Pfeffer, Joghurt zu einer Marinade verrühren. Fladenbrot einschneiden und mit Salat, Pute, Gemüse, Marinade füllen.

Variante:

Zutaten

500 g geräucherte Putenbrust; 3 Paprikaschoten, rot, grün, gelb; 2 Zwiebeln; 1 EL Sonnenblumenöl; 4 kleine Fladenbrote (Rezept siehe Kapitel Beilagen); 1 Knoblauchzehe; 1 EL frische Kräuter; 150 g Joghurt (3,5 %); Salz; Pfeffer

Zubereitung

Geräuchterte Putenbrust in Scheiben schneiden, Paprikaschoten in feine Streifen hobeln und die Zwiebeln in feine Ringe schneiden. Das Öl erhitzen, Gemüse und Putenstreifen anbraten, würzen. Knoblauch pressen und mit Kräutern, Salz, Pfeffer, Joghurt zur Marinade verrühren.

Fladenbrote halb einschneiden, mit der Zaziki-Marinade einstreichen und Pfanneninhalt einfüllen.

Enthausener Wursttopf

Zutaten

2 Zwiebeln; 8 Wiener; 8 gekochte Kartoffeln; 3 EL Butter;
200 ml Milch; 3 EL Tomatenmark; 125 ml Sahne; Salz; Pfeffer;
1 Bund Schnittlauch

Zubereitung

Zwiebeln schälen und würfeln. Die Würstchen in dünne Scheiben schneiden. Kartoffeln schälen und ebenfalls in Scheiben schneiden.

Die Zwiebelwürfel in Butter bei niedriger Temperatur so lange andünsten, bis sie glasig sind. Kartoffelscheiben, Wurstscheiben in den Topf geben und die Milch darübergießen. Tomatenmark mit der Sahne verrühren und ebenfalls in den Topf geben. Mit Salz und Pfeffer würzen. 15 Minuten bei schwacher Hitze kochen lassen.

Vor dem Servieren Schnittlauch einstreuen.

Fleischküchle

Zutaten

500 g Hackfleisch; 1 Karotte; ¼ Bund Petersilie; 1 Zwiebel; 1 Ei;
1 Brötchen oder 2 Scheiben Toastbrot; Salz; Pfeffer; Paprikapulver;
Muskatnuss; 3 EL Semmelbrösel; Öl zum Braten

Zubereitung

Hackfleisch mit einer klein geriebenen Karotte, gehackter Petersilie, klein
geschnittener Zwiebel, Ei, eingeweichter und ausgedrückter Semmel
mischen. Mit Salz, Pfeffer, Paprikapulver und Muskatnuss würzen. Gut
durchkneten. Wenn der Teig zu weich ist, noch etwas Semmelbrösel
dazugeben. Küchle formen und in heißem Fett bei mittlerer Temperatur
beidseitig ausbacken. (Nicht zu heiß und schnell, sonst sind sie innen
nicht fertig!)

Unser Caritas-Tipp

Wer möchte, kann dazu Karottengemüse mit Kartoffeln oder einen
Kartoffelbrei servieren.

Geschnetzeltes mit Honig-Senf-Soße

Zutaten

2 Tassen Reis; 500 g Putenfleisch oder Schweinefleisch; Salz; Pfeffer; ½ rote Paprikaschote; ½ grüne Paprikaschote; 2 Zwiebeln; 200 g Schlagsahne; 2 EL Senf; 2 EL Honig; Dill

Zubereitung

Reis nach Packungsanleitung kochen.

Fleisch in Würfel schneiden, salzen, pfeffern und gut anbraten. Rote und grüne Paprika sowie Zwiebeln klein hacken oder möglichst klein schneiden.

Gehackte Paprika und Zwiebeln zum Fleisch geben, Sahne dazugießen. Senf, Honig und Dill (je nach Geschmack) zugeben und ca. 30 Minuten köcheln lassen (geringe Hitze im geschlossenen Topf).

Senfgeschmack wird beim Wiederaufwärmen intensiver.

Gulasch Szegediner Art

Zutaten

300 g Schweinefleisch (Schlegel/Keule); 2–3 TL ungarische Gulasch-Gewürzzubereitung; 2 Zwiebeln; 1–2 Knoblauchzehen; je 1 gelbe und grüne Paprikaschote; 2 vorwiegend festkochende Kartoffeln; 250 g rohes Sauerkraut; 4 EL Olivenöl; 2 EL Tomatenmark; 1 Lorbeerblatt; 1 TL ganzer Kümmel; weißer Pfeffer aus der Mühle; 1,5 l Gemüse- oder Fleischbrühe; etwas Zucker; 1–2 EL Zitronensaft; 150 g Sauerrahm; 2 EL Petersilie

Zubereitung

Das Fleisch in etwa 1½ cm große Würfel schneiden. Mit 1 TL Gulasch-Gewürzzubereitung würzen. Die Zwiebeln schälen und in Ringe schneiden. Den Knoblauch schälen und durch die Presse drücken. Die Paprikaschoten putzen und die Kartoffeln schälen. Das Sauerkraut mit der Küchenschere kleiner schneiden.

Das Öl erhitzen und das Fleisch darin bei starker Hitze anbraten. Die Zwiebeln, den Knoblauch dazugeben und kurz mitbraten. Sauerkraut zugeben, Tomatenmark, 1 TL Gulasch-Gewürzzubereitung, Lorbeerblatt, Kümmel und Pfeffer unterrühren. Die in Streifen geschnittenen Paprikaschoten und die klein geschnittenen Kartoffeln dazugeben. Die Brühe aufgießen und zum Kochen bringen. Die Temperatur auf schwache Stufe stellen und alles 1–1½ Stunden sanft köcheln lassen.

Die Suppe mit der restlichen Gewürzzubereitung, Pfeffer, Zucker und Zitronensaft abschmecken. Den Sauerrahm untermischen und einmal aufkochen lassen. Das Lorbeerblatt entfernen, die Petersilie darüberstreuen und servieren.

Unser Caritas-Tipp

Brot oder Salzkartoffeln dazu reichen.

Hackbraten vom Blech

Zutaten

500 g Schweinemett; 1,5 kg gemischtes Hackfleisch; 3 Bund frisches Basilikum; 2 Bund Petersilie; 500 g Zwiebeln; 6 kleine Eier; 4 altbackene Brötchen; 3 Knoblauchzehen; Salz; Pfeffer aus der Mühle; frisch geriebene Muskatnuss; Öl fürs Blech; zum Garnieren: frische Gurke

Zubereitung

Aus Schweinemett, gemischtem Hackfleisch, dem gehackten Basilikum, gehackter Petersilie, fein gewürfelten Zwiebeln, Eiern, eingeweichten und dann leicht ausgedrückten Brötchen und dem durchgepressten Knoblauch einen Fleischteig zubereiten. Mit Salz, Pfeffer und Muskatnuss herzhaft würzen. Den Fleischteig sehr gut durcharbeiten.

Auf ein mit Öl bestrichenes Blech streichen, mit nassen Händen die Oberfläche schön glätten. Das Blech in den auf 225 °C vorgeheizten Backofen schieben und 15 Minuten backen lassen. Dann noch weitere 10 Minuten grillen, bis die Oberfläche schön gebräunt ist. Falls man keinen Grill hat: Backofen auf 250 °C schalten und den Hackbraten für 10 Minuten auf die oberste Einschubleiste schieben.

Hackbraten aus dem Ofen nehmen und erkalten lassen. Dann in kleine Quadrate, Rhomben oder Rechtecke schneiden. Mit Folie abgedeckt kühl stellen (hält sich am kühlen Ort über Nacht). Kurz vor dem Servieren mit gestifteter roher Gurke verzieren. Auf dem Blech servieren.

Unser Caritas-Tipp

Zum Hackbraten passt Senf, deshalb sollten Sie verschiedene Senfsorten dazu servieren. Wenn es hübscher aussehen soll, kann man das Blech zum Servieren mit Alufolie umwickeln.

Hähnchengeschnetzeltes mit Gemüse

Zutaten

1 Zwiebel; 2–3 Hähnchenbrüste; 1 Pckg. Leipziger Allerlei (TK-Gemüsemischung); Salz; Pfeffer; 2 Becher süße Sahne; evtl. etwas Speisestärke

Zubereitung

Zuerst die Zwiebel würfeln und beiseitestellen. Die Hähnchenbrüste in feine Streifen schneiden. Zwiebeln leicht anbraten, Fleisch dazugeben und gut durchbraten lassen. Aufgetautes Gemüse zugeben, leicht salzen und pfeffern. Danach die Sahne zugeben und das Ganze ein wenig köcheln lassen, bis die Soße cremig wird. Sollte das nicht der Fall sein, mit etwas Speisestärke andicken.

Unser Caritas-Tipp

Bandnudeln, aber auch Reis oder Kroketten passen super dazu.

Kasseler überbacken

Zutaten

500 g Kasseler, ausgelöst; 2 Zwiebeln; 150 g Champignons; 1 Bund Petersilie; 150 ml Schlagsahne; 100 g Schmand; weißer Pfeffer; 1 Dose Ananas in Scheiben; 100 g geriebener Gouda; Tomatenspalten

Zubereitung

Kasseler in gröbere Würfel schneiden. Zwiebeln in Spalten und Pilze in Scheiben schneiden. Petersilie hacken. Fleisch in eine Auflaufform geben. Pilze und Zwiebeln darübergeben. Sahne und Schmand glatt rühren. Mit Pfeffer würzen und etwas Petersilie unterrühren. Über das Fleisch geben und 4–5 Stunden ziehen lassen.

Fleisch im vorgeheizten Backofen bei 175 °C Umluft ca. 30 Minuten braten. Danach Ananas und Käse auf dem Fleisch verteilen. Bei gleicher Temperatur ca. 15 Minuten noch einmal überbacken.

Mit Tomatenspalten und der restlichen Petersilie garnieren.

Unser Caritas-Tipp

Reichen Sie gekochten Reis dazu.

Königsberger Klopse mit Kapernsoße

Zutaten

Klopse:

25 g Butter; 1 Ei; 400 g Hackfleisch; 2 alte Semmeln; 1 kleine Zwiebel; Salz, Pfeffer, etwas Muskat

Soße:

40 g Butter; 40 g Mehl; 500 ml Fleischbrühe; 1 Eigelb; 1 EL saure Sahne; 2 EL Kapern

Zubereitung

Butter und Ei mit dem Hackfleisch verrühren. Die in Wasser eingeweichten Semmeln gut ausdrücken und zugeben.

Fein gehackte Zwiebel zugeben, den Teig mit Salz, Pfeffer und Muskat abschmecken. Aus dem Teig etwa acht Klopse formen und diese in Salzwasser garen.

Aus Butter und Mehl eine helle Mehlschwitze bereiten und mit der Fleischbrühe aufgießen. Das Eigelb und die Sahne untermischen und die fein gehackten Kapern zugeben. Die Klopse aus dem Salzwasser nehmen und in der Soße etwas ziehen lassen.

Leber mit Champignonreis

Zutaten

150 g Champignons; 1 Bund Frühlingszwiebeln; 1 EL Butter;
200 g amerikanischer Langkornreis; 125 ml Weißwein; 375 ml Wasser;
Salz; 4 Scheiben Rinderleber; 80 g Weizenmehl; 2 Eier; 120 g Semmelbrösel; Schmalz; frisch gemahlener schwarzer Pfeffer

Zubereitung

Champignons putzen, abtropfen lassen und in feine Scheiben schneiden.
Frühlingszwiebeln waschen und vierteln. Die Butter zerlassen,
Champignons und Zwiebeln darin andünsten und Langkornreis
unterrühren. Weißwein und Wasser hinzufügen. Mit Salz würzen, zum
Kochen bringen und etwa 15 Minuten ausquellen lassen.

Rinderleber enthäuten, unter fließendem kalten Wasser abspülen,
trocken tupfen und in Weizenmehl wenden. Eier verschlagen, die Leber
zunächst darin, danach in Semmelbrösel wenden. Schmalz zerlassen
und die Leber darin etwa 15 Minuten von beiden Seiten braten. Mit Salz,
Pfeffer würzen und mit dem Champignonreis servieren.

Leberkäs mit Spätzlepfanne

Zutaten

1 kleine Gemüsezwiebel; 300 g Leberkäs; 100 g würziger Käse;
1 EL Butter; 400 g frische oder fertige Spätzle; Salz; frisch gemahlener
Pfeffer; frisch geriebene Muskatnuss; 2 Stängel glatte Petersilie

Zubereitung

Zwiebel abziehen und in dünne Scheiben schneiden. Leberkäs in Würfel
(ca. 3 cm) schneiden. Den Käse grob reiben.

Die Zwiebel im heißen Fett bei mittlerer Hitze glasig dünsten. Leberkäs
und Spätzle zufügen und alles goldbraun braten.

Geriebenen Käse unterrühren und mit Salz, Pfeffer und Muskat würzen.

Petersilie abspülen und trocken schütteln. Blättchen abzupfen, grob
hacken und über die Spätzlepfanne streuen.

Unser Caritas-Tipp

Machen Sie doch die Spätzle frisch, wenn Sie Zeit haben. Das passende
Rezept finden Sie im Kapitel „Vegetarische Gerichte" (Kässpatzn mit
Röstzwiebeln).

Putengeschnetzeltes

Zutaten

500 g Putenbrust; Salz; 2 EL Butter; 1 Zwiebel; 250 g frische Champignons (oder aus dem Glas); 2 TL Mehl; 2 Becher Crème fraîche oder saure Sahne; Brühe zum Aufgießen; frische Kräuter oder Kräutermischung

Zubereitung

Die Putenbrust waschen, die Sehnen entfernen, das Fleisch salzen und in kleine Stücke schneiden. Die Butter in der Pfanne heiß werden lassen und das Fleisch anbraten. Die Zwiebel in Würfel schneiden und die blättrig geschnittenen Champignons zugeben und mitbraten.

Das Mehl darüberstreuen und ebenfalls etwas bräunen lassen. Die Hitze verringern und mit Brühe aufgießen. Crème fraîche unterrühren und mit Kräutern das Geschnetzelte würzen. Noch etwa 5 Minuten leicht köcheln lassen.

Unser Caritas-Tipp

Am besten mit gekochtem Reis und frischem Salat servieren.

Reispfanne

Zutaten

400 g gemischtes Hackfleisch; Salz; Pfeffer; Paprika edelsüß; 2 EL Öl; 250 g Zwiebeln; 250 g Langkornreis; 750 ml Brühe; 2 rote Paprika; 2 grüne Paprika

Zubereitung

Hackfleisch mit Salz, Pfeffer, Paprika vermischen und in das heiße Öl krümeln, kräftig anbraten. Die Zwiebeln schälen, in Ringe schneiden, zum Hackfleisch geben und glasig dünsten. Dann den Reis zufügen und zuletzt mit der heißen Brühe ablöschen. Das Gericht kurz aufkochen lassen und bei sehr schwacher Hitze mit geschlossenem Deckel 15 Minuten ausquellen lassen. Die Paprikaschoten waschen, entkernen, in Streifen schneiden und zum Reis geben. In der geschlossenen Pfanne weitere 10 Minuten mitgaren. Das Gericht mit Salz, Pfeffer und Paprika abschmecken.

Unser Caritas-Tipp

Dazu schmeckt ein grüner Salat.

Blechkartoffeln

Beilagen

Blechkartoffeln

Zutaten

500 g ungefähr gleich große Kartoffeln; 1–2 EL Rapsöl; grobkörniges Salz

Zubereitung

Die Kartoffeln werden geschält und halbiert.

Mit einem Kochlöffel als Abstandshalter, damit man die Kartoffel nicht ganz durchschneidet – am geeignetsten ist dieser aus Holz – werden die halben Kartoffeln quer ein paar Mal eingeritzt. Dann mit dem Rapsöl bestreichen und mit dem Salz bestreuen.

Auf einem leicht geölten Blech je nach Größe ca. 25–35 Minuten bei 225 °C backen, evtl. mit Öl bestreichen.

Unser Caritas-Tipp

Diese toll aussehenden Kartoffeln passen zu allen Arten von Fleisch und Fisch. aber auch zu Gemüse und Salat.

1. Kartoffeln halbieren.

2. Der Kochlöffel dient als Abstandshalter zum Einschneiden.

3. Kartoffeln einölen und mit Salz bestreuen, danach ab in den Ofen.

Fladenbrot

Zutaten

500 g Weizenmehl; 1 TL Salz; 1 Würfel frische Hefe; 250 ml lauwarmes Wasser; 1 Prise und 1 TL Zucker; 1–3 EL Olivenöl; 1 Ei; ungerösteter Sesam; Schwarzkümmel

Zubereitung

Das Mehl mit dem Salz in eine Schüssel sieben. In die Mitte eine Mulde drücken und die Hefe hineinbröckeln. Eine Prise Zucker daraufstreuen und das lauwarme Wasser in die Mulde gießen. Etwa 10 Minuten stehen lassen.

Durch Kneten einen geschmeidigen Teig herstellen, evtl. Teig oder Wasser zugeben. Der Teig sollte nicht kleben. Anschließend an einen warmen Ort stellen und gehen lassen. Das dauert ca. 30 Minuten.

Den Teig in die gewünschte Anzahl der Laibe teilen und mit den Händen auf ungefähr Fingerdicke ausrollen. Auf Genauigkeit kommt es dabei nicht an. Die Laibe auf ein gefettetes Blech geben und mit den Fingerspitzen Muster in den Teig eindrücken.

Nun noch weitere 10 Minuten gehen lassen und in der Zwischenzeit den Backofen auf 250 °C vorheizen.

Das Ei mit dem Olivenöl und etwas Zucker verquirlen und den Teig bestreichen, mit Sesam und Schwarzkümmel bestreuen und Olivenöl über den Teig träufeln (nicht zu zaghaft!).

Dann die Brote für ca. 10–12 Minuten, je nach gewünschtem Bräunungsgrad, backen.

Kartoffelplätzchen

Zutaten

500 g Kartoffeln; Salz; Pfeffer aus der Mühle; 2 Eier; 1 TL Mehl;
40 g Butterschmalz oder Pflanzenfett

Zubereitung

Kartoffeln waschen, schälen, nochmals waschen, gut abtropfen lassen
und grob raspeln. Mit Salz, Pfeffer würzen und kurze Zeit stehen lassen.
Dann die Kartoffeln abgießen. Kartoffeln mit den Eiern und dem Mehl
verrühren. Das Fett in einer großen Pfanne erhitzen, aus dem Teig zwölf
Plätzchen formen und von beiden Seiten goldbraun braten, das dauert
etwa 6 Minuten.

Röstkartoffeln

Zutaten

8–10 mittelgroße Kartoffeln; 2–3 EL Mehl; 3–4 EL Olivenöl; Pfeffer; Salz; Schnittlauch

Zubereitung

Die Kartoffeln schälen, grob raspeln und mit Mehl bestäuben. Gut durchschütteln, damit alle Streifen ein wenig von Mehl bestäubt sind.

In einer großen Pfanne das Öl erhitzen, die Kartoffelstreifen hinzufügen (eventuell portionsweise arbeiten und die fertigen Röstkartoffeln im Backofen bei 100 °C warm halten). Sehr langsam bei milder Hitze braten, dabei wieder wenden. Würzen und die Schnittlauchröllchen drüberstreuen.

Stangenkartoffeln zu Braten

Zutaten

Kartoffeln, festkochend

Zubereitung

Wenn man eine Gans oder eine gefüllte Kalbsbrust brät, ist zunächst die Bratpfanne voll. Nach einiger Zeit aber schrumpft das Bratgut und es entsteht freier Platz, in dem sich Bratensaft sammelt.

In diesen Saft legt man länglich aufgeschnittene, rohe, geschälte Kartoffeln. Wenn der Braten fertig ist, sind auch die Kartoffeln gar. Diese serviert man dann zum Braten.

Unser Caritas-Tipp

Die Kartoffeln schmecken oft besser als der Braten.

Rahmchampignons

Zutaten

200 g Reis (Langkorn oder auch Naturreis); Gemüsebrühe;
300 g Champignons; 1 große Zwiebel; etwas Öl; 2 Becher Sahne;
Salz und Pfeffer; Kräutersalz; getrocknete Petersilie; evtl. heller
Saucenbinder

Zubereitung

Reis in Gemüsebrühe kochen.

Champignons putzen und in Scheiben schneiden. Zwiebel schälen und
in Ringe schneiden. Beides in etwas erhitztem Öl so lange andünsten, bis
die Flüssigkeit der Champignons verdampft ist und die Zwiebeln etwas
weich sind. Mit Sahne ablöschen und mit Salz, Pfeffer abschmecken.
Etwas Petersilie einrühren und alles aufkochen. Nach Belieben die Sauce
evtl. mit etwas hellem Soßenbinder andicken. Auf Tellern anrichten und
den Reis dazu servieren.

Unser Caritas-Tipp

Dazu passt z. B. ein Naturschnitzel oder einfach nur ein grüner Salat.
Man kann die Rahmchampignons auch zu Semmelknödeln oder Pasta
servieren.

Risotto bianco

Zutaten

1 l Hühnerbrühe oder Gemüsebrühe; 2 EL Olivenöl; 1 EL Butter;
1 weiße Zwiebel; 2–3 Knoblauchzehen; 5–6 Stangen Stangensellerie;
400 g Risottoreis; 2 Gläser Weißwein; Salz; Pfeffer; 50 g Butter;
120 g Parmesan oder Pecorino

Zubereitung

Brühe aufkochen. Zwiebel, Knoblauch und Sellerie fein würfeln. Diese
in einem zweiten Topf mit dem Olivenöl und dem Esslöffel Butter glasig
andünsten, sie dürfen aber keine Farbe annehmen. Das dauert ungefähr
10 Minuten. Dann zu der Mischung den Reis dazugeben und die
Temperatur etwas erhöhen. Wenn der Reis beginnt, glasig zu werden, mit
dem Wein ablöschen. So lange weiter rühren, bis der Alkohol verdampft
ist und der Reis aromatisch duftet.

Sobald alle Flüssigkeit verdunstet ist, geben Sie schöpflöffelweise die
Brühe dazu und „massieren" die Flüssigkeit mit dem Kochlöffel in den
Reis. Dabei soll alles nur leise köcheln. Nach 15 Minuten sollte der Reis
gar sein, aber noch Biss haben. Vielleicht brauchen Sie noch weitere
Flüssigkeit, dann können Sie auch mit Wasser weiter arbeiten. Zum
Schluss mit Salz und Pfeffer abschmecken.

Den Topf vom Herd nehmen, Butter und Parmesan mit dem Reis
vermengen. Danach noch etwas ruhen lassen, bis der Tisch gedeckt ist.
Dann schmeckt Risotto am köstlichsten.

Unser Caritas-Tipp

Dieses wunderbare Risotto schmeckt auch als vegetarische Hauptspeise
mit einem frischen Klecks Pesto und einem Kräutersalat.

Serviettenknödel

Zutaten

1 Zwiebel; 4 EL Butter; 250 g Semmeln; 3 Eier; 250 ml Milch; ½ Bund fein gehackte Petersilie; Salz; Muskat

Zubereitung

Fein geschnittene Zwiebel in Butter glasig anrösten und über die Semmelwürfel gießen. Eier trennen. Dotter, Milch, Petersilie, Gewürze verrühren und ebenfalls über die Semmelwürfel gießen, alles gut verrühren. Semmelmasse mindestens 20 Minuten rasten lassen.

Eiklar zu Schnee schlagen und unter die Semmelwürfelmasse heben. Eine Serviette oder Alufolie mit Fett bestreichen, die Masse darauf-streichen und einrollen (Enden gut zusammenbinden, am besten Alufolie und Serviette, da man die Serviette besser zusammenbinden kann). In genügend Salzwasser ca. 25–30 Minuten köcheln lassen.

Serviettenrolle aus dem heißen Wasser nehmen und kurz mit kaltem Wasser abschrecken. Vorsichtig von der Serviette oder Folie lösen. In 1 cm dicke Scheiben schneiden und anrichten.

Kohlrabigemüse

Zutaten

1 kg Kohlrabi; 1 Zwiebel; 1 EL Butter; 2 EL Sauerrahm; 1 EL Mehl; Salz;
Pfeffer

Zubereitung

Kohlrabi schälen, halbieren, in kleine Würfel oder Stifte schneiden.

Zwiebel abziehen, feine Würfeln schneiden.

Butter in einem Topf erhitzen, Zwiebel darin glasig dünsten und
Kohlrabi dazugeben. Gemüse kurz dünsten, 2 EL Wasser, Salz und Pfeffer
dazugeben und bei kleiner Hitze bissfest garen.

Sauerrahm mit Mehl glatt rühren und unter das fertig gegarte Gemüse
mischen, noch ein paar Minuten durchziehen lassen. (Das Mehl
verhindert, dass der Sauerrahm ausflockt.)

Kürbis-Kartoffel-Curry

Zutaten

1 kg Kürbis; 200 g Zwiebeln; 2 Knoblauchzehen; 750 g Kartoffeln;
3 EL Öl; 3 EL mildes Currypulver; Salz; 200 ml Wasser; 2 EL Crème
fraîche oder Schmand; 4 EL Zitronensaft

Zubereitung

Kürbis von den Kernen und dem faserigen Fruchtfleisch befreien, schälen
und in 1 cm große Würfel schneiden.

Kartoffeln waschen, schälen und in etwa 1,5 cm große Würfel schneiden.

Zwiebeln und Knoblauch schälen und fein würfeln.

Das Öl in einem Topf erhitzen, Zwiebeln, Knoblauch und Kartoffeln bei
mittlerer Hitze ca. 5 Minuten anbraten. Das Currypulver unterrühren und
kurz anschwitzen, Kürbis, Salz und Wasser zugeben.

Zugedeckt bei mittlerer Hitze 12–15 Minuten bissfest garen.

Crème fraîche oder Schmand und Zitronensaft einrühren, abschmecken.

Grüne Bohnen mit Speck

Zutaten

750 g grüne Bohnen; 2 TL Bohnenkraut; 1 Zwiebel; 100 g durch-
wachsenen Speck; 1 EL Butter; Salz; Pfeffer; 125 ml Gemüsebrühe

Zubereitung

Bohnen waschen und die Enden abschneiden, kleine Bohnen ganz
lassen, größere brechen oder schneiden. Die Zwiebel abziehen und fein
würfeln.

Speck von der Schwarte und den Knorpeln befreien und in Streifen
schneiden.

Butter in einem Topf erhitzen, den Speck darin ausbraten und danach die
Zwiebel darin anschwitzen.

Bohnen und Gewürze dazugeben, mit der Gemüsebrühe aufgießen und
etwa 20 Minuten garen.

Fenchel mit Bratkartoffeln

Zutaten

500 g Fenchel, etwa 2 Knollen; 800 g Kartoffeln; 4 EL Öl; Schnittlauch; Salz; Pfeffer; Kümmel

Zubereitung

Kartoffeln waschen, dämpfen, schälen und abgekühlt in 1 cm dicke Scheiben schneiden. Fenchel putzen, harte, äußere Stiele entfernen, halbieren, gründlich waschen, in feine Streifen schneiden oder hobeln. Fenchelkraut waschen, klein schneiden.

Schnittlauch waschen, abtropfen lassen und in Röllchen schneiden.

Öl in einer beschichteten Pfanne erhitzen, Kartoffeln darin anbraten, bis sie kross sind. Fenchelscheiben dazugeben und ebenso anbraten. Fenchel soll noch biss haben.

Gewürze und Fenchelkraut dazugeben, abschmecken.

Gemüsegratin

Zutaten

500 g Kartoffeln; 200 g Karotten; 300 g Kohlrabi; 2 l Salzwasser;
200 ml Gemüsebrühe (Instant); 200 ml Sahne; 1 Ei; Salz; Pfeffer; Muskat;
Butter für die Auflaufform

Zubereitung

Das gesamte Gemüse waschen, schälen und in Scheiben schneiden oder hobeln, getrennt aufbewahren.

Das Gemüse nacheinander in kochendem Salzwasser jeweils 5 Minuten sprudelnd kochen (blanchieren), danach in einem Sieb gut abtropfen lassen.

Eine Soße herstellen: Dazu Brühe, Sahne und Ei verquirlen, die Gewürze unterrühren.

Auflaufform einfetten, dann das Gemüse in Reihen dachziegelartig einschichten.

Die Soße darübergießen, im vorgeheizten Herd bei 190 °C etwa 20 Minuten backen.

Bärlauchspätzle

Zutaten Bärlauchpaste

1 kleiner Bund Petersilie; 1 Bund Bärlauch; 250 g Sauerrahm; Meer- oder Natursalz

Zutaten Spätzle

2 Eier; 4 Eigelb; 280 g Weizenmehl; 15 g Weizengrieß; 1 EL Olivenöl; etwas Butter; Meer- oder Natursalz; etwas Muskatnuss

Zubereitung

Für die Bärlauchpaste alle Zutaten zu einem dicken Brei pürieren.

Die Spätzlezutaten in eine Schüssel geben, mit der Bärlauchpaste zu einem glatten Teig verarbeiten. Die Spätzle durch einen Spätzlehobel in kochendes Salzwasser schaben.

Sie sind fertig, wenn sie an der Oberfläche schwimmen. Mit einer Schaumkelle herausnehmen, in kaltem Wasser abschrecken und abtropfen lassen.

Frische Fische vor dem Filetieren

Fischgerichte

Fisch – Warenkunde

Welchen Nährwert hat Fisch?

Fisch ist fett- und kalorienarm, leicht verdaulich und hat einen hohen Anteil an ungesättigten Fettsäuren. Er ist reich an Jod und enthält die fettlöslichen Vitamine A und D. Außerdem enthält er Natrium, Kalium und Kalzium. Er eignet er sich sehr gut für Diätkost.

Frischekriterien beim Kauf

Wenn Sie Fisch kaufen, sollten Sie ganze Fische erwerben. Am ganzen Fisch erkennen Sie die Frischemerkmale. Die Augen müssen klar und glänzend sein, die Kiemen hellrot schimmern. Gehen Sie ruhig mit der Nase dran, denn frischer Fisch riecht nicht „fischig".

Bei Saibling und Forelle ist noch eine Schleimschicht auf der Haut vorhanden. Beim Einkauf sollte man versuchen, Näheres über die Herkunft des Fisches zu erfahren, damit man entscheiden kann, wie lange er noch aufbewahrt werden darf.

Wie bewahrt man Fisch auf?

Die Haltbarkeit hängt von der jeweiligen Art und Qualität des Fisches ab. Richtig behandelter Fisch hält sich unter idealen Voraussetzungen bis zu fünf Tagen. Die Qualität bleibt nur bei der richtigen Lagertemperatur erhalten. Fisch verdirbt bei 4 °C, das ist die normale Temperatur im Kühlschrank, doppelt so schnell wie bei 0 °C, der idealen Temperatur zum Aufbewahren von frischem Fisch. Im Zweifelsfall lieber bis zur Zubereitung einfrieren.

Aufbewahrung ganzer Fische

Ganzer Fisch, der zu Hause im Kühlschrank aufbewahrt wird, sollte fest in Klarsichtfolie eingewickelt werden. Anschließend mit Eis bedecken. Das geschmolzene Eis muss jedoch abtropfen können.

Filetierter und portionierter Fisch

Portionierter und filetierter Fisch sollte nicht direkt mit Eis in Berührung kommen, da sonst das Fischfleisch auslaugt und sich verfärbt.

Fisch ausnehmen

Ganze Fische halten sich länger, wenn sie ausgenommen sind, denn die Enzyme im Magen, die den Fisch rascher verderben lassen, sind dadurch nicht mehr vorhanden.

Im deutschen Handel ist Fisch eigentlich immer ausgenommen zu erwerben. Falls Sie jedoch einmal einen kompletten Fisch erhalten, müssen Sie ihn vor der weireren Verarbeitung erst ausnehmen. Dazu schneidet man den Bauch des Fisches der Länge nach vorsichtig mit einem scharfen Messer auf. Passen Sie auf, dass Sie dabei die Innereien nicht verletzen. Dann mit einem beherzten Griff die Innereien aus dem Bauchraum herausziehen. Den Bauchraum gründlich unter fließendem Wasser ausspülen.

Fisch filetieren

Einen Fisch zu filetieren, ist an sich nicht schwer. Man braucht etwas Übung und ein extrem scharfes Messer. Trauen Sie sich! Im schlechtesten Fall sieht es bei den ersten Versuchen nicht so gut aus, essen können Sie den Fisch allemal!

In unserem Beispiel zeigen wir das Filetieren an einem bereits ausgenommenen Fisch, denn im Handel wird dieser üblicherweise so angeboten. Die Innereien sollten kurz nach der Schlachtung entnommen werden, damit das Fleisch nicht verdirbt.

1. Auf einer Seite des Rückgrats die Fischhaut vom Kopf bis zur Schwanzflosse einschneiden.

2. Direkt hinter dem Kopf einen Schnitt bis zur Mittelgräte machen.

3. Das Messer flach am Rückrat entlangführen und das Fleisch Schnitt für Schnitt von den Gräten schneiden.

4. Vorsichtig, aber bestimmt weiterarbeiten, bis man das Filetstück vom Körper lostrennen kann.

5. Das Filet eventuell noch etwas schöner zurechtschneiden. So sieht ein küchenfertiges Filet aus.

6. Den Fisch umdrehen und eventuell die unteren Flossen entfernen.

7. Dann in gleicher Weise das Filet von der Gräte abtrennen.

8. Mit etwas Übung geht dies bald leicht von der Hand.

Das Endergebnis sollte in etwa so aussehen. Aus den Fischresten (Mitte) kann man z. B. Fischfond zubereiten.

Bunte Fischpfanne

Zutaten

300 g Karotten; 200 g Erbsen (TK); 2 Zwiebeln; 1 Bund Petersilie; etwas Estragon; 600 g Seelachsfilet; 50 g Butter; Salz; weißer Pfeffer; 1 Becher Sahne

Zubereitung

Die Karotten schälen und in streichholzdicke Stifte schneiden. Die Erbsen antauen lassen. Die Zwiebeln in feine Streifen schneiden und die Kräuter hacken. Das Seelachsfilet in Würfel schneiden und die Butter in einer beschichteten Pfanne schmelzen lassen. Karottenstifte, Zwiebeln und Erbsen 2–3 Minuten darin andünsten. Mit Salz und Pfeffer würzen, die Fischwürfel dazugeben und fertig garen. Die Sahne aufgießen und nur noch kurz aufkochen lassen. Abschmecken und mit den Kräutern bestreut servieren.

Unser Caritas-Tipp

Reis oder frisches Baguette und Salat dazu reichen. Die Fischpfanne kann mit einem Schuss Weißwein verfeinert werden.

Forellen mit Kapern gefüllt

Zutaten

4 ganze Forellen; Alufolie; ca. 40 Kapern; 30 g Butter, in 3 Scheiben; Salz; Pfeffer

Zubereitung

Die Forellen werden gewaschen und trocken getupft. Die Alufolie bereitlegen. Fische außen und innen würzen, außerdem innen mit ca. 10 Kapern und einer Scheibe Butter füllen. Mit dem Rücken auf die Folie setzen, an die Flachseite je eine Scheibe Butter geben und die Folie so verschließen, dass Saft und Butter nicht auslaufen können.

Das ganze Paket wird nun, auf dem Rücken stehend, auf ein Backblech gestellt und ungefähr 15–20 Minuten (je nach Größe) im vorgewärmten Backrohr bei ca. 200 °C gegart.

Unser Caritas-Tipp

Als Füllung eignen sich außer Kapern auch Zwiebeln mit Lauch, gelbe Rüben und Knoblauchzehen (alles in feine Streifchen geschnitten) oder Champignons mit Knoblauch und italienische Gewürzen.

Gefüllte Makrele

Zutaten

4 kleine Makrelen; Salz; gemahlener schwarzer Pfeffer; 2 Bund Petersilie; 2 Knoblauchzehen; 2 EL Butter; geriebene Schale von 1 Zitrone (unbehandelt); 8 Salbeiblätter; 125 ml Weißwein

Zubereitung

Die Makrelen gründlich waschen, trockentupfen und außen mit Salz, Pfeffer bestreuen.

Petersilie abspülen, trocken tupfen, fein hacken. Knoblauchzehen abziehen, fein hacken und mit der Petersilie, Butter, Zitronenschale gut vermengen, damit dann die Makrelen füllen. Die Fische in eine ausgefettete flache Form legen. Salbeiblätter abspülen, auf die Fische legen und Weißwein hinzugießen. Die Form auf dem Rost in den vorgeheizten Backofen schieben.

Temperatur: ca. 200 °C, Backzeit: 30 Minuten

Unser Caritas-Tipp

Blechkartoffeln eignen sich gut als Beilage.

Höchstädter Fischfrikadellen

Zutaten

1 kg Karpfenfilet; 2 eingeweichte Brötchen (vom Vortag); 1 große Zwiebel; 3 Eier; 1 TL Zitronensaft; 1 TL geriebene Zitronenschale; 30 g Salz; Pfeffer aus der Mühle; 2 EL gehackte Petersilie; 2 EL gehacktes Liebstöckel; 1 Prise Muskat; 1 Prise Piment; Mehl zum Bestäuben; 4 EL Olivenöl

Zubereitung

Karpfenfilet unter kaltem Wasser waschen und trocken tupfen. Durch die feine Scheibe des Fleischwolfs drehen. Anschließend ausgedrückte Brötchen und Zwiebel durchdrehen. Die Fischfarce mit den restlichen Zutaten mit dem Handrührgerät zu einer glatten Farce verrühren. Aus der Fischfarce flache Frikadellen formen. In Mehl wenden und bestäuben. Öl in einer Pfanne erhitzen. Die Frikadellen hineinlegen, unter Wenden beide Seiten ca. 5 Minuten goldbraun braten.

Mandelfisch mit Frühlingsquark

Zutaten

4 Seelachsfilets (je etwa 150 g); Zitronensaft; Salz; frisch gemahlener weißer Pfeffer; 2 EL Weizenmehl; 1 verschlagenes Ei; 4 EL Semmelmehl; 2 EL Speiseöl; 400 g Speisequark; 4 EL gemischte, fein geschnittene Kräuter; 1–2 EL Butter; 2 EL abgezogene, gehobelte Mandeln

Zubereitung

Seelachsfilet unter fließendem kalten Wasser abspülen, trocken tupfen, mit Zitronensaft beträufeln und etwa 15 Minuten stehen lassen, trocken tupfen. Mit Salz und Pfeffer bestreuen. Die Fischfilets zunächst in Weizenmehl, dann in Ei und zuletzt in Semmelmehl wenden.

Speiseöl erhitzen, die Fischfilets von beiden Seiten darin in 10–12 Minuten goldbraun braten, auf einer vorgewärmten Platte anrichten.

Speisequark mit gemischten Kräutern verrühren, mit Salz, Pfeffer würzen und über die Fischfilets geben. Butter zerlassen, die Mandeln darin goldbraun rösten und dann über den Quark streuen.

Portugiesische Fischpfanne

Zutaten

500 g Fischfilet (Kabeljau oder Rotbarsch); 1 Zitrone; 1 Zwiebel; Salz; 700 g Kartoffeln; 2 Möhren; 2 Knoblauchzehen; 1 große Gemüsezwiebel; ½ Tasse Olivenöl; Paprikapulver (edelsüß); Salz; 3 Tomaten; Petersilie

Zubereitung

Backofen auf 220 °C vorheizen. Fischfilet waschen, mit Küchenkrepp abtrocknen und in mittlere Stücke schneiden. Jetzt mit Zitronensaft beträufeln und salzen.

Dann die Kartoffeln, Mohrrüben, Knoblauchzehen und die Zwiebel schälen. Die Kartoffeln halbieren, Zwiebel und Mohrrüben in große Stücke schneiden. Dann eine feuerfeste Backofenform mit Olivenöl beträufeln. Die fein geschnittenen Knoblauchzehen, Kartoffeln, Mohrrüben und die Zwiebel gleichmäßig in der Form verteilen. Mit Paprikapulver kräftig bestreuen und etwas salzen. Das restliche Olivenöl darüber verteilen, in den Ofen schieben und bei 220 °C ca. 20 Minuten schmoren lassen. In der Zwischenzeit die Tomaten in dicke Scheiben schneiden und die Petersilie hacken.

Nach ca. 30 Minuten die Form aus dem Ofen nehmen, die klein geschnittenen Fischstücke dazugeben, die Tomaten gleichmäßig darüberlegen und die Petersilie auf die Tomaten streuen. Wieder in den Backofen schieben. Temperatur zurück auf 200 °C schalten und nochmals ca. 20 Minuten schmoren lassen, bis das Gemüse gar ist. Evtl. noch 1–2 Tassen Wasser nachgießen.

Überbackener Seelachs

Zutaten

500 g Seelachsfilets (TK); evtl. Saft von 1 Zitrone; Salz; 2 Zwiebeln; 1 Glas Champignonscheiben; 1 Bund Petersilie; 2 El Speiseöl; 1 Dose geschälte Tomaten; Salz; frisch gemahlener Pfeffer; 200 g Schmand; 40 g Semmel-brösel; 40 g Butter; 250 g Reis

Zubereitung

Seelachs auftauen unter fließendem kalten Wasser abspülen, trocken tupfen. Nach Belieben mit Zitronensaft beträufeln und mit Salz bestreuen.

Zwiebeln abziehen und in Würfel schneiden. Champignonscheiben auf einem Sieb abtropfen lassen. Petersilie abspülen und fein hacken.

Öl in einer Pfanne erhitzen und die Zwiebelwürfel darin andünsten. Tomaten mit der Flüssigkeit hinzugeben (ggf. Tomaten etwas zerdrücken). Champignon und Petersilie unterrühren und kurz mit erhitzen. Mit Salz und Pfeffer würzen.

Die Tomaten-Champignon-Masse in eine flache, gefettete Auflaufform geben und den Seelachs darauflegen. Schmand darauf verteilen, mit Semmelbröseln bestreuen und Butter in Flöckchen daraufsetzen. Die Form auf dem Rost in den Backofen schieben.

Den Reis nach Vorschrift garen und als Beilage servieren.

Ober-/Unterhitze: etwa 200 °C (vorgeheizt)

Backzeit: etwa 25 Minuten

Zwiebelfisch

Zutaten

4 Rotbarschfilets (je 150 g); 2 EL Zitronensaft; 600 g Zwiebeln;
50 g durchwachsener Speck; 1 EL Butter; Salz; Pfeffer; Paprika;
½ Becher Crème fraîche

Zubereitung

Rotbarschfilets unter fließendem kalten Wasser abspülen, trocken tupfen.
Mit Zitronensaft beträufeln und etwa 15 Minuten stehen lassen.

Zwiebeln abziehen, vierteln, in Streifen schneiden und den Speck in
Würfel schneiden.

Butter erhitzen, die Speckwürfel gut darin ausbraten, die Zwiebelstreifen
hinzufügen und gut darin andünsten. Mit Salz, Pfeffer und Paprika
würzen. Im geschlossenen Topf etwa 5 Minuten dünsten lassen.

Crème fraîche unterrühren und nochmals mit Salz, Pfeffer, Paprika
abschmecken. Die Fischfilets trocken tupfen und mit den Gewürzen
bestreuen. Auf das Zwiebelgemüse legen, im geschlossenen Topf
7–8 Minuten dünsten lassen.

Die Fischfilets nach etwa der Hälfte der Garzeit wenden.

Vegetarische Gerichte

Bulgurbrätlinge

Bigosch (Zweikraut)

Zutaten

1 große Zwiebel; ½ Kopf Weißkraut; 1 Beutel Sauerkraut; 2 Lorbeerblätter; 5 Pimentkörner; 2 Teelöffel Salz (nach Geschmack);
4 Knackwürste; 6 gekochte Kartoffeln; Brühpulver (nach Geschmack)

Zubereitung

Zwiebel klein schneiden, Weißkraut ebenfalls fein hobeln, zusammen
mit Sauerkraut, Gewürzen und Knackwürsten in einem großen Topf
langsam ca. 1½ Stunden vor sich hin kochen lassen (auf kleiner Hitze).
Ab und zu umrühren und bei Gefahr des „Anhängens" etwas Wasser
angießen (½ Tasse), bis das Weißkraut gekocht ist.

Nach ca. 1 Stunde geschälte und gewürfelte Kartoffeln hinzufügen. Wenn
notwendig mit Brühpulver abschmecken.

Knoblauchtomaten

Zutaten

100 g Schinkenspeck; 5 Fleischtomaten; 6 Knoblauchzehen; 1 Bund Petersilie; 1 Bund Basilikum; 4 Salbeiblättchen; 200 g Schafskäse

Zubereitung

Schinkenspeck in eine flache, feuerfeste Form legen. Tomaten waschen, die Stängelansätze herausschneiden und nebeneinander in die Form setzen.

Backofen auf 175 °C vorheizen.

Knoblauchzehen abziehen, würfeln. Die Kräuter abspülen, trocken tupfen, hacken und mit dem Knoblauch auf den Tomaten verteilen.

Schafskäse darüberbröseln, die Form auf dem Rost in den Backofen schieben.

Backzeit: etwa 35 Minuten

Unser Caritas-Tipp

Reichen Sie frisches Stangenweißbrot dazu.

Paprika-Kartoffel-Ragout

Zutaten

1 Stange Lauch; 300 g Kartoffeln; 2 Zwiebeln; 1 Karotte; 1 Sellerie;
1 Petersilienwurzel; Olivenöl; 1 Knoblauchzehe; 1 TL Tomatenmark;
1 TL Paprikapulver (mild); ½ l Gemüsebrühe; 1 Msp. gemahlener
Kreuzkümmel; ½ Bund Schnittlauch

Zubereitung

Lauch zerkleinern, beiseite stellen. Kartoffeln, Zwiebeln, Karotte, Sellerie
und die Petersilienwurzel würfeln.

Den zerdrückten Knoblauch in etwas Olivenöl braun rösten. Das
Tomatenmark mit dem Knoblauch vermischen, Gemüsewürfel (bis auf
den Lauch) dazugeben und mit Brühe abdecken.

Das Gemüse in etwa 12 Minuten in der Brühe bissfest kochen. Dann
den gehackten Lauch und den Kreuzkümmel zugeben. Einige Minuten
garen lassen, übrige Flüssigkeit gegebenenfalls reduzieren, Schnittlauch
unterziehen und servieren.

Bulgur mit Gemüse

Zutaten

1 Zwiebel; 1 Knoblauchzehe; 200 g Möhren; 1 getrocknete Pfefferschote oder Ähnliches; 1 EL Öl; 250 g Bulgur; 600 ml Gemüsebrühe; 300 g gefrorene Erbsen; 100 g geriebener Käse; 100 g Crème fraîche; Salz; Pfeffer

Zubereitung

Zwiebel, Knoblauchzehe schälen und fein hacken. Die Möhren schaben und auf der Rohkostreibe raspeln. Die Pfefferschote zwischen den Fingern aufbrechen und die Kerne entfernen. Das Öl in der Pfanne erhitzen. Die Zwiebel, den Knoblauch und den Bulgur darin bei mittlerer Hitze nur so lange anbraten, bis alle Zutaten gleichmäßig von Öl überzogen sind. Die Möhren und die Pfefferschote daruntermischen. Die Brühe dazugießen. Alles einmal aufkochen und zugedeckt bei schwacher Hitze 25 Minuten garen. Die Erbsen daruntermischen und erneut aufkochen. Das Gericht zugedeckt bei schwacher Hitze weitere 10 Minuten garen. Den Käse und die Crème fraîche unterrühren. Das Ganze noch einmal erhitzen, mit Salz und Pfeffer abschmecken. Dazu einen Salat servieren.

Gemüsepuffer mit Tomatenmark

Zutaten

4 Karotten; 1 kg Kartoffeln; 4 Zucchini; Salz; 4 Knoblauchzehen; 1 Ei; 4 TL Currypulver; Öl; 600 g Joghurt (Magermilchjoghurt); 8 EL Quark (Magertopfen); 8 EL Mineralwasser; 8 Tomaten; 2 Bund Schnittlauch; Pfeffer

Zubereitung

Karotten, Kartoffeln, Zucchini raspeln, mit einer Prise Salz vermischen und ca. 5 Minuten stehen lassen.

Austretende Flüssigkeit abgießen. Knoblauchzehe zerdrücken und mit Ei, Currypulver zu dem Gemüse geben. Etwas Öl in der Pfanne erhitzen und kleine Gemüsepuffer ausbraten.

Joghurt, Quark und Mineralwasser glatt rühren. Tomaten würfeln und mit den Schnittlauchringen untermischen, etwas Salz und Pfeffer dazugeben.

Gemüsesalat

Zutaten

250 g Couscous (Instant); 40 g Schalotten; 1 Knoblauchzehe;
30 g Ingwer; 150 g gelbe, grüne, rote Paprikaschoten; 20 g Pinienkerne;
2 Stiele glatte Petersilie; 6 EL Olivenöl; 1 EL Zucker; 5 EL weißer
Balsamico; 8 EL Gemüsebrühe; Chili aus der Gewürzmühle

Zubereitung

Couscous nach Packungsanleitung garen. Schalotten und Knoblauch in
feine Würfel schneiden. Ingwer schälen und in feine Würfel schneiden.
Paprikaschoten halbieren, entkernen, schälen und in 1 cm große Würfel
schneiden. Pinienkerne in einer Pfanne ohne Fett goldbraun rösten.
Petersilienblätter abzupfen und grob hacken. Olivenöl in einer Pfanne
erhitzen, Zucker darin schmelzen lassen. Schalotten, Knoblauch und
Ingwer zugeben und anschwitzen. Paprika mit Balsamico zugeben und
mit kräftiger Brühe ablöschen. Mit Chili würzen.

Couscous mit einer Gabel auflockern und unter das Gemüse heben. Mit
Pinienkernen und Petersilie auf einer Platte anrichten.

Gratinierte Petersilienspätzle

Zutaten

1 Bund glattblättrige Petersilie; 400 g Mehl; 4 frische Eier; 1 TL Salz;
8 Zwiebeln; 100 g durchwachsener, gewürfelter Speck; 1 Prise Zucker;
Salz, schwarzer Pfeffer; 2 EL Butter; 150 g geriebener Emmentaler

Zubereitung

Die Petersilie waschen und trocken tupfen. Die Blättchen von den Stielen zupfen und sehr fein hacken, damit man sie durch die Spätzlepresse/-hobel drücken kann.

Das Mehl in eine Schüssel sieben, in die Mitte eine Vertiefung drücken und die Eier mit Salz dazugeben. Etwa 100 ml Wasser dazugießen und den Teig schlagen, bis er Blasen wirft. Die Petersilie untermischen.

Salzwasser zum Kochen bringen und den Teig portionsweise durch eine Spätzlepresse/-hobel hineindrücken. Die Spätzle köcheln lassen, bis sie an der Oberfläche schwimmen. Mit einem Schaumlöffel herausnehmen, kalt abschrecken und gut abtropfen lassen. Die Zwiebeln schälen und in feine Ringe schneiden. Die Speckwürfel in einer beschichteten Pfanne auslassen. Die Zwiebeln darin mit dem Zucker karamellisieren lassen, salzen und pfeffern.

Den Backofen auf 250 °C vorheizen, eine flache Auflaufform (etwa 30 cm lang) gut mit Butter einfetten. Die Spätzle abwechselnd mit Zwiebeln und Käse einschichten. Mit einer Käseschicht abschließen und die Spätzle auf oberster Schiene etwa 15 Minuten gratinieren.

Kartoffel-Lauch-Auflauf

Zutaten

1 kg Lauch; 1 kg Kartoffeln; Butter für die Form; 500 ml frische Sahne; 8 Eigelb; Salz; Pfeffer; Cayennepfeffer; Muskat

Zubereitung

Den Lauch putzen, gelbe und welke Stellen entfernen.

Lauchstangen der Länge nach halbieren, waschen und in feine Streifen schneiden.

Rohe Kartoffeln in gleich starke Scheiben schneiden.

Kartoffeln und Lauch mischen und locker in eine feuerfeste, gebutterte Form einschichten. Sahne und Eigelb mit Schneebesen verrühren, würzen und über das Gemüse gießen.

Bei 180–200 °C für 35–45 Minuten ins vorgeheizte Backrohr geben.

Kartoffelnudeln mit Apfelmus

Zutaten Apfelmus

500 g Äpfel (z. B. Boskop); 150 g Zucker; 100 ml Wasser; 1 Zimtstange (nach Belieben); abgeriebene Schale einer naturbelassenen Zitrone; etwas Vanillezucker

Zutaten Kartoffelnudeln

1 kg mehlige Kartoffeln; 100 g Mehl; Salz; 2 Eier; 100 g Butterschmalz

Zubereitung

Die Äpfel waschen, mit Schale und Kerngehäuse in kleine Schnitze schneiden. Sofort mit Zucker und Wasser auf kleinster Flamme langsam zum Kochen bringen. Nach Belieben mit Zimt, Zitronenschale und Vanillezucker würzen. 20–25 Minuten auf schwächster Hitze zu einem Brei kochen. Den Brei durch ein Küchensieb in eine Schüssel passieren. Auf Zimmertemperatur abgekühlt servieren.

Die Kartoffeln weich dämpfen (Messerprobe), pellen und noch heiß durchdrücken. Zwei Drittel des Mehls über die Kartoffeln sieben, mit etwas Salz würzen und kurz verkneten. Die Eier kurz verrühren und unter die Kartoffeln kneten. Nach und nach so viel Mehl zugeben, bis ein kompakter Teig entsteht, der nicht mehr an der Schüssel und an den Händen haftet. Mit bemehlten Händen etwas mehr als fingerdicke Rollen formen. Kartoffelnudeln in einer großen Pfanne mit Butterschmalz auf mittlerer Hitze goldbraun braten. Gebratene Kartoffelnudeln kann man abgedeckt im Backofen bei 50 °C warm halten. Das empfiehlt sich, wenn sie in zwei Durchgängen gebraten werden.

Käseomelett

Zutaten

8 Eier; 8 EL Milch; Salz; Pfeffer; Butter zum Braten;
100 g geriebener Käse

Zubereitung

Die Eier mit Milch glatt rühren. Mit Salz und Pfeffer würzen. Butter in der Pfanne erhitzen und Teig portionsweise zugedeckt stocken lassen. Kurz vor Ende der Garzeit den geriebenen Käse auf dem Omelett verteilen, schmelzen lassen und Omelett zusammenklappen.

Unser Caritas-Tipp

Ein Blattsalat schmeckt sehr gut dazu.

Kässpatzn mit Röstzwiebeln

Zutaten Spätzle

500 g Mehl; ½ TL Salz; 4 Eier; 125 ml warme Milch; viel kochendes Wasser; 1 TL Öl; 1 kräftige Prise Salz

Zutaten Kässpatzn

150 g geriebener Käse (je nach Geschmack, am besten würziger Emmentaler); 2 Zwiebeln; Mehl; ½ Bund Petersilie; Öl

Zubereitung Spätzle

Die Zutaten vermengen. Wasser mit dem Öl und der Prise Salz zum Kochen bringen. Mit einem Spätzlehobel den Teig in das Wasser reiben. Die Spätzle sind fertig, wenn sie auf dem Wasser schwimmen. Mit einem Schaumlöffel abschöpfen und warm stellen.

Zubereitung Kässpatzn

Käse fein reiben. Zwiebeln schälen, in Ringe schneiden und in Mehl wenden. Petersilie waschen, trocken tupfen und in Streifen schneiden.

Spätzle mit dem Käse mischen und in eine ofenfeste Auflaufform geben. Im vorgeheizten Backofen ca. 15 Minuten überbacken.

Inzwischen Öl in einer Pfanne erhitzen und Zwiebeln darin goldbraun braten. Herausnehmen und auf Küchenpapier abtropfen lassen. Auflauf aus dem Ofen nehmen und mit Zwiebelringen und Petersilie bestreut servieren.

Unser Caritas-Tipp

Wenn es einmal schnell gehen soll, können Sie auch fertige Spätzle verwenden.

Nudelomelett

Zutaten

500 g Spaghetti oder Makkaroni; 2 Tomaten; 8 Eier; 200 g Käse (Mozzarella oder Parmesan); Salz; geriebener Pfeffer; Chilipulver; 1 EL Öl

Zubereitung

Nudeln nach Packungsanweisung bissfest kochen. Anschließend abgießen und klein schneiden.

Tomaten waschen und würfeln. Eier mit geriebenem Käse verquirlen und mit Salz, Pfeffer, Chilipulver würzen.

Nun alle Zutaten zusammen in eine Schüssel geben und vermischen. Danach in eine heiße, mit dem Öl eingefettete Pfanne geben. Immer wieder wenden, so lange goldbraun braten, bis kein flüssiges Eiweiß mehr zu sehen ist. Heiß servieren.

Unser Caritas-Tipp

Gemischter Salat passt super dazu.

Quiche mit Tomaten und Zwiebeln

Zutaten

Teig: 250 g Mehl; 120 g Magerquark; 2 TL Backpulver; 120 g Halbfettbutter; 1 Ei (Größe M); Mehl zum Ausrollen; Öl und etwas Semmelbrösel für die Form; 3 EL Wasser
Füllung: 200 g Zwiebeln; 1 EL Butter; 600 g kleine Tomaten;
1 Bund Petersilie; 200 g Doppelrahmfrischkäse mit Kräutern; 3 Eier;
125 g Schlagsahne; Salz; Pfeffer

Zubereitung

Die Zutaten für den Teig miteinander verkneten, bis ein geschmeidiger Teig entsteht. 30 Minuten ruhen lassen.

Inzwischen die Zwiebeln schälen und in dünne Spalten schneiden. 1 EL Butter in einer Pfanne erhitzen und die Zwiebeln darin anbraten, dann auskühlen lassen. Die Tomaten waschen, die Stielansätze entfernen und anschließend halbieren.

Die Petersilie waschen und trocken tupfen, bis auf einige Blättchen zum Garnieren hacken. Mit Doppelrahmfrischkäse, Sahne und den 3 Eiern verrühren und nach Bedarf würzen.

Den Teig auf etwas Mehl ausrollen (ca. 33 cm Durchmesser) und in eine geölte und mit Paniermehl ausgestreute Springform legen. Mit einer Gabel den Teig einige Male einstechen, dann mit Tomaten und Zwiebeln belegen. Mit der Mischung aus Frischkäse und Sahne übergießen.

Im vorgeheizten Backofen bei 200 °C ca. 30–45 Minuten backen. Mit der beiseitegelegten Petersilie garniert servieren.

Spinat-Kartoffel-Spiegelei

Zutaten

900 g Spinat (TK); 800–1000 g Kartoffeln; ½ EL Öl; 8–10 Eier;
Salz; Pfeffer

Zubereitung

Spinat nach Packungsanleitung kochen, evtl. nach eigenem Geschmack
noch etwas würzen, z. B. mit Knoblauch, Muskat.

Kartoffeln als Pellkartoffeln kochen.

Das Öl in die Pfanne geben, Eier als Spiegeleier zubereiten und würzen.
Alles auf Tellern anrichten und servieren.

Unser Caritas-Tipp

Man kann anstatt Spiegeleier auch Rühreier zubereiten. Dabei die Eier
mit etwas Milch verquirlen, würzen und in die Pfanne geben, bis das Ei
fest ist.

Verlängertes Rührei

Zutaten

1 Zwiebel; 1 Knoblauchzehe; 200 g Zucchini; 1 gelbe Paprika;
1 TL Olivenöl; 4 Eier; etwas Milch; 1 TL Tomatenmark; Salz; frisch
gemahlener Pfeffer; Brot

Zubereitung

Zwiebel und Knoblauch schälen und beides in kleine Würfel schneiden.

Die Zucchini und die Paprika waschen und grob raspeln.

Die Zwiebel- und Knoblauchwürfel in heißem Öl glasig dünsten, die
Gemüseraspeln zugeben und unter Wenden weiter dünsten.

Die Eier mit Milch und Tomatenmark verrühren. Mit Salz, Pfeffer würzen
und über das Gemüse gießen. Bei mittlerer Hitze einige Minuten stocken
lassen und mit Brot servieren.

Zucchinigulasch

Zutaten

1 Zucchini; 3 große Kartoffeln; 2 rote Paprikaschoten; Salz; Pfeffer; Knoblauch; Paprikapulver; 1 Dose geschälte Tomaten oder frische Tomaten; 1 l Gemüsebrühe; 1 Dose Champignons; Kräuter (nach Geschmack)

Zubereitung

Zucchini und Kartoffeln schälen, Paprika putzen und alles in Würfel schneiden. Alles kurz anbraten. Mit Salz, Pfeffer, Knoblauch und Paprika würzen. Nach weiterem kurzen Anbraten mit den geschälten Tomaten und der Gemüsebrühe ablöschen. Das Gemüse bissfest kochen und kurz vor Ende der Kochzeit die Champignons dazugeben. Mit Kräutern abschmecken und eventuell nachwürzen.

Unser Caritas-Tipp

Dazu schmeckt Kartoffelbrei oder Reis.

Dampfnudeln mit Paprikarahmkraut

Zutaten Dampfnudeln

500 g Mehl; 200 ml Milch; 20 g Hefe; 1 TL Zucker; 1 TL Salz; 1 Ei; 30 g weiche Butter; 100 ml Wasser; 40 g Butter

Zubereitung Dampfnudeln

Die Milch auf etwa 30 Grad erwärmen. 100 ml Wasser in eine kleine Schüssel geben, die Hefe hineinbröseln, Zucker dazugeben und alles glatt rühren. Das Mehl in eine Schüssel sieben und mit dem Kochlöffel in die Mitte eine kleine Mulde drücken.

Das Hefewasser hineingeben, mit etwas Mehl vermischen und Mehl darüberstäuben. Den Vorteig etwa 15 Minuten gehen lassen.

Salz, verquirltes Ei mit der restlichen warmen Milch verrühren, zu dem Mehl geben und alles vermischen. Die weiche Butter hinzufügen und mit einem Kochlöffel oder Handrührgerät zu einem glatten Teig verarbeiten. Diesen etwa 10 Minuten kneten. Mit einem Küchentuch abdecken und bei Zimmertemperatur mindestens 30 Minuten gehen lassen. Der Teig soll danach die doppelte Größe haben.

Den Teig auf eine bemehlte Arbeitsfläche geben, kurz durchkneten und in 7 Stücke teilen.

Jedes Teigstück zu einer Kugel abdrehen, auf ein bemehltes Tuch setzen, mit einem Tuch abdecken und 20 Minuten gehen lassen.

In einer großen Pfanne (28 cm Durchmesser) 100 ml Wasser und 40 g Butter erhitzen. Die Teigkugeln hineinsetzen, mit dem Deckel zudecken und bei mittlerer Hitze ca. 25 Minuten garen. Herdplatte ausschalten und noch etwa 15 Minuten stehen lassen. Den Deckel dabei geschlossen halten!

Zutaten Paprikarahmkraut

800 g Weißkraut; 1 EL Butter; 2 Knoblauchzehen; 1 TL Kümmel;
1 TL Majoran; Salz; 2 TL Paprikapulver; 1 TL Tomatenmark;
300 ml Gemüsebrühe (Instant); 2 EL Sauerrahm

Zubereitung Paprikarahmkraut

Weißkraut putzen, welke Blätter entfernen, achteln, waschen und in
1 cm breite Streifen schneiden, dabei den Strunk entfernen. Knoblauch
abziehen und würfeln.

Butter in einem Topf erhitzen, Weißkraut mit Knoblauch darin anbraten.
Gewürze mit Tomatenmark unterrühren, Brühe dazugießen und bei
mittlerer Hitze etwa 15 Minuten garen.

Sauerrahm einrühren und abschmecken.

Unser Caritas-Tipp

Sie können die Dampfnudeln auch als Süßspeise genießen, indem Sie
dem Teig noch 60 g Zucker zugeben und kein Paprikakraut zubereiten,
sondern eine leckere Vanillesauce.

Bulgurbrätlinge

Zutaten

200 g Bulgur (Durum-Hartweizen); 300 g Wasser; 1 Stange Lauch;
1 TL Majoran; 2 Eier; Salz; Pfeffer; 3 EL Öl

Zubereitung

Lauch putzen, waschen und fein schneiden. Bulgur und Lauch mit
250 ml Wasser aufkochen. Zugedeckt bei kleiner Hitze 10 Minuten garen,
weitere 10 Minuten quellen lassen.

Lauwarme Bulgurmasse mit Eiern und Gewürzen verrühren. Schmecken
Sie die Masse gegebenenfalls noch einmal herzhaft mit Salz und Pfeffer
ab.

Öl in einer beschichteten Pfanne erhitzen. Mit einem Esslöffel von der
Masse 12 Portionen abstechen und im heißen Öl zu Burgern plattdrücken,
von beiden Seiten goldbraun braten.

Unser Caritas-Tipp

Dazu passt gut Rahmgemüse oder gemischter Salat.

Zucchini-Kartoffel-Auflauf

Zutaten

4 kleine Kartoffeln; 1 l Wasser; 1 Zucchini; ½ TL Öl; 1 Becher Sahne;
2 Eier; ½ TL Salz; 1 Prise Pfeffer; ½ TL Paprika; 50 g geriebener Käse;
1 EL gehackte Petersilie

Zubereitung

Kartoffeln waschen, schälen und in Scheiben schneiden. Salzwasser
zum Kochen bringen und die Kartoffeln ca. 5 Minuten darin vorgaren
und dann mit einem Sieb abseihen. Die Zucchini waschen und in Ringe
schneiden. Eine feuerfeste Form ausfetten, dann Kartoffeln und Zucchini
einschichten.

Sahne, Eier und Gewürze mit dem Schneebesen verquirlen und über
die Kartoffeln und Zucchini gießen. Darüber den Käse verteilen und
den Auflauf im vorgeheizten Ofen bei 200 °C (Ober-/Unterhitze) ca.
35–40 Minuten backen.

Vor dem Servieren mit Petersilie bestreuen.

Fenchel-Tomaten-Gratin

Zutaten

1 kg Fenchelknollen (etwa 4 Stück); 1 Zwiebel; 2 Knoblauchzehen;
1 EL Olivenöl; 800 g Tomatenstücke (Dose); 1 TL Oregano; Salz; Pfeffer;
150 g geriebener Gouda

Zubereitung

Fenchel putzen, waschen und der Länge nach achteln.

Zwiebel und Knoblauch schälen und fein würfeln.

Öl in einem Topf erhitzen, Zwiebel und Knoblauch darin anbraten.
Tomatenstücke mit Saft und Gewürze dazugeben. Diese Mischung
einmal aufkochen lassen und gut abschmecken.

Die Hälfte der Tomatenmischung in einer Auflaufform verteilen,
Fenchelspalten einschichten und die übrige Soße darübergeben.
Geriebenen Käse darüberstreuen.

Das Gratin im vorgeheizten Ofen bei 180 °C etwa 45 Minuten backen.

Fenchel-Linsen-Lasagne

Zutaten

100 g Linsen; 150 g Karotten; 100 g Petersilienwurzel; 300 g Fenchel-knollen; 1 Zwiebel; 2 Knoblauchzehen; 700 ml passierte Tomaten (oder 800 g Tomatenstücke); 4 EL Öl; Salz; Pfeffer; 2 TL Oregano; 1 TL Paprika; 1 Packung Lasagnenudeln (250 g); 200 g geriebener Gouda; 1 Ei; 1 Becher Sauerrahm; 250 ml Milch; Muskat

Zubereitung

Linsen in einem Sieb abwaschen, in eine Schüssel geben, mit reichlich Wasser bedecken und über Nacht einweichen.

Karotten und Petersilienwurzel schälen und in kleine Würfel schneiden. Fenchel putzen, waschen, halbieren und mit den Stängeln in kleine Würfel schneiden. Zwiebel und Knoblauch abziehen, klein würfeln.

Öl in einem Topf erhitzen, Zwiebel mit Knoblauch andünsten. Danach Linsen mit restlichem Gemüse dazugeben und ca. 5 Minuten dünsten. Passierte Tomaten und Gewürze dazugeben und 15 Minuten köcheln lassen, abschmecken.

Milch, Ei und Sauerrahm mit Salz, Pfeffer und Muskat verrühren. Eine Schicht Lasagnenudeln in einer Auflaufform auslegen. Die Hälfte der Gemüsemasse darauf verteilen. Etwa ein Drittel der Menge des Sauerrahmgusses darübergießen und ein Drittel der Menge des Käses darauf verteilen.

Eine weitere Schicht Lasagnenudeln darüber auslegen und den Vorgang wiederholen. Zum Schluss die dritte Schicht Lasagnenudeln verteilen, den Rest des Sauerrahmgusses und den Käse darüber verteilen.

Die Lasagne in den vorgeheizten Backofen geben, bei 190 °C ca. 30 Minuten überbacken (Käse soll gebräunt sein), danach ausschalten und noch 15 Minuten ziehen lassen.

Polentaschnitten mit Bohnengemüse

Zutaten

250 g Maisgrieß (Polenta); 1 l Wasser; Salz; 1 Bund Petersilie;
2 EL Olivenöl; 800 g frische grüne Bohnen oder 600 g tiefgefrorene
Bohnen; 2 TL Bohnenkraut; 1 Zwiebel; 1 Knoblauchzehe; 1 EL Butter;
100 g Crème fraîche; 2 Tomaten oder 200-g-Packung Tomatenstücke;
Salz; Pfeffer

Zubereitung

Maisgrieß mit dem Wasser und Salz einmal aufkochen und bei kleiner
Hitze etwa 15 Minuten ausquellen lassen.

Petersilie waschen, abtropfen, Blättchen abzupfen und fein schneiden.
Nach der Quellzeit unter den Maisgrieß mischen.

Die fertige Polenta auf ein Backblech streichen und etwa 30 Minuten
auskühlen lassen. Dann in 2 x 5 cm große Stücke schneiden.

Bohnen waschen, abtropfen lassen und die Enden entfernen.

Tomaten waschen, Strunk entfernen, halbieren und würfeln.

Zwiebel und Knoblauch schälen und fein würfeln.

Butter in einem Topf erhitzen, Zwiebel mit Knoblauch darin anbraten.
Bohnen, Bohnenkraut, Salz, Pfeffer und 2 Esslöffel Wasser dazugeben
und bei mittlerer Hitze etwa 20 Minuten garen.

Öl in einer großen Pfanne erhitzen und die Polentaschnitten von beiden
Seiten darin anbraten.

Crème fraîche mit Tomatenwürfeln mischen, unter die Bohnen geben
und noch etwas ziehen lassen.

Käspresslaibchen

Zutaten

5 Semmeln; 250 ml Milch; 2 Eier; 1 TL Salz; Muskat; 200 g Kartoffeln; 2 Zwiebeln; 6 EL Olivenöl; 3 EL Petersilie; 200 g Hartkäse

Zubereitung

Semmeln in 1 cm große Würfel schneiden.

Milch, Eier, Salz und Muskat gut verrühren und über die Semmelwürfel gießen.

Kartoffeln waschen, weich dämpfen, schälen und noch heiß durch eine Kartoffelpresse drücken. Danach unter die Semmelmasse heben und einige Zeit durchziehen lassen.

Zwiebeln schälen und fein würfeln.

Petersilie waschen, abtropfen, Blätter abzupfen und fein schneiden.

In einem Topf 2 Esslöffel Öl erhitzen und die Zwiebeln darin andünsten und mit der Petersilie unter die Masse geben.

Käse reiben, ebenfalls unter die Masse rühren und abschmecken, Knödel formen.

In einer großen beschichteten Pfanne 4 Esslöffel Öl erhitzen, die Knödel hineinlegen, flach drücken und von beiden Seiten braten.

Unser Caritas-Tipp

Dazu passt gut Krautgemüse oder Salat oder verwenden Sie die Käspresslaibchen als Suppeneinlage für eine Fleischbrühe.

Pikante Hefeteigschnitten (Ploats)

Zutaten

500 g Mehl (Vollkorn); 20 g Hefe; 250 ml Wasser; 1 TL Zucker;
1 TL Salz; 800 g Kartoffeln; 2 Lauchstangen; 1 Zwiebel; 30 g Butter;
200 g geräucherten Tofu; 250 ml Milch; 2 Eier; Salz; Pfeffer; Muskat

Zubereitung

Mehl in eine Schüssel sieben, mit Salz vermischen. Wasser erwärmen, 100 ml in eine Tasse geben, mit Zucker und Hefe verrühren. Danach in das Mehl rühren und Wasser einarbeiten. Teig gut abschlagen oder durchkneten und mit einem Tuch abgedeckt etwa 1 Stunde gehen lassen. Anschließend Teig ausrollen und in ein gefettetes Blech legen.

Kartoffeln waschen, weich dämpfen, schälen und noch heiß durch eine Kartoffelpresse drücken.

In eine Schüssel geben und Milch unterrühren.

Lauch putzen, waschen, der Länge nach halbieren und in feine Scheiben schneiden.

Zwiebel abziehen und mit dem Tofu würfeln.

Butter in einem Topf erhitzen, Zwiebeln, Lauch und Tofu anbraten. Danach mit den Eiern und Gewürzen zu der Kartoffelmasse geben, abschmecken.

Masse auf den Teig streichen und bei 180 °C im vorgeheizten Backofen etwa 50 Minuten backen. Warm servieren.

Gemüsekuchen

Zutaten

200 g Karotten; 1 Stange Lauch; 1 Zwiebel; 100 g Emmentaler Käse, gerieben; 3 Eier; 200 g Sauerrahm; 250 g Mehl; 2 TL Backpulver; 1 TL Salz; 1 TL Thymian; 2 TL Paprikapulver; 2 EL Sesam

Zubereitung

Karotten schälen, klein schneiden oder reiben. Lauch putzen, waschen und klein schneiden. Zwiebel schälen und fein würfeln.

Mehl mit Backpulver in eine Schüssel sieben und alle restlichen Zutaten unterrühren.

Eine Backform mit 28 cm Durchmesser einfetten, mit Sesam bestreuen.

Die Masse hineinstreichen und im vorgeheizten Backofen bei 170°C Ober- und Unterhitze etwa 40 Minuten backen.

Unser Caritas-Tipp

Dazu passt gut Rohkost- oder Blattsalat.

Krautstrudel

Zutaten

250 g Mehl; 2 EL Öl; 1 Ei; Salz; 125 ml Wasser, lauwarm; 500 g Sauerkraut; 300 g Emmentaler Käse, gerieben; 2 Zwiebeln; 2 Äpfel;
125 ml Gemüsebrühe; 1 TL Kümmel; Salz; Pfeffer; 4 EL Semmelbrösel;
3 EL Öl

Zubereitung

Mehl in eine Schüssel sieben, in die Mitte eine Mulde drücken. Öl, Ei
und Salz in die Mehlmulde geben und mit einem Kochlöffel verquirlen,
Wasser einrühren. Den Teig gut durchkneten, mit einem feuchten Tuch
abdecken und 1 Stunde ruhen lassen.

Zwiebeln schälen und fein würfeln. Äpfel waschen, halbieren, Kernhaus
rausschneiden und klein schneiden.

Öl in einem Topf erhitzen, Zwiebel mit Äpfeln andünsten. Kraut,
Gewürze und Brühe dazugeben und 20 Minuten dünsten. Zum Schluss
die Flüssigkeit einkochen und danach abkühlen lassen.

Den Strudelteig auf einem bemehlten Tuch dünn ausrollen oder
ausziehen. Zuerst die Semmelbrösel, dann Kraut darauf verteilen und
den Strudel aufrollen. Auf ein gefettetes Blech legen und im vorgeheizten
Backofen bei 190 °C etwa 45 Minuten backen. Danach ausschalten und
den Strudel noch 15 Minuten im Backofen lassen.

Unser Caritas-Tipp

Dazu passt gut Tomatensoße oder Kräuterquark.

Gemüseragout

Zutaten

400 g Zucchini; 1 Zwiebel; 1 Knoblauchzehe; 100 g Champignons;
500 g Tomaten; 3 EL Öl; 2 TL Oregano; Salz; Pfeffer; 1 Bund Petersilie

Zubereitung

Zucchini waschen, die Enden knapp abschneiden und in 0,5 cm dicke Scheiben schneiden.

Zwiebel und Knoblauchzehe schälen und fein würfeln.

Champignons trocken abbürsten, putzen und in Scheiben schneiden.

Tomaten waschen, Strunk entfernen, halbieren und in dünne Spalten schneiden.

Petersilie waschen, abtropfen und Blätter abzupfen.

In einem Topf das Öl erhitzen. Zucchini, Champignons, Zwiebel- und Knoblauchwürfel bei mittlerer Hitze anbraten. Tomaten und Oregano dazugeben noch etwa 5 Minuten dünsten.

Petersilie untermengen, mit Salz und Pfeffer abschmecken.

Kartoffelgerichte

Gnocchi mit Paprikasoße

Altdeutsche Kartoffelpfanne

Zutaten

250 g Champignons; 500 g Kartoffeln; 2 mittelgroße Zwiebeln;
100 g fetter Speck; 6 Eier; 250 ml Milch; Salz; frisch gemahlener
schwarzer Pfeffer; 2 EL fein geschnittener Schnittlauch; Butter

Zubereitung

Champignons waschen und in Scheiben schneiden. Die gekochten
Kartoffeln in Würfel schneiden. Die Zwiebeln abziehen, in Scheiben
schneiden und in dem Speckfett glasig dünsten lassen. Die
Champignonscheiben, die Kartoffelwürfel hinzufügen und braun braten.
Eier mit Milch verschlagen und mit den Gewürzen abschmecken.

Den Schnittlauch unterrühren und die Eiermilch über die Kartoffeln
geben, stocken lassen. Evtl. in die Pfanne Butter geben, da die Eimasse
nicht trocken werden darf. Wenn die untere Schicht leicht gebräunt ist,
das Gericht vorsichtig auf einen vorgewärmten Teller gleiten lassen.

Cowboy-Kartoffeln

Zutaten

700 g Kartoffeln; 500 g rote Paprikaschoten; 2 Knoblauchzehen;
1 Dose Kidneybohnen; 150 g Salami; 50 g durchwachsener Speck;
1 Bund Petersilie; 3 EL Olivenöl; 2 Zwiebeln; Salz und Pfeffer;
Paprikapulver

Zubereitung

Die Kartoffeln schälen und in 1 cm große Würfel schneiden. In
kochendem Salzwasser ca. 5 Minuten vorgaren, abgießen und
beiseitestellen. Paprika putzen und in Stücke teilen. Den Knoblauch
schälen und in ganz kleine Würfel schneiden. Die Kidneybohnen in
einem Sieb kalt abspülen und abtropfen lassen. Salami pellen und
zerschneiden. Den Speck würfeln und die Petersilie hacken. Das Öl in
einer beschichteten Pfanne erhitzen, den Speck kurz und die Kartoffeln
darin goldbraun braten. Paprika, Zwiebelringe, Knoblauch und
Salami zugeben. Weitere 5 Minuten unter Rühren braten. Die Bohnen
untermischen und kurz erhitzen. Alles mit Salz, Pfeffer und Paprika
pikant abschmecken. Mit der gehackten Petersilie bestreut in der Pfanne
servieren.

Gnocchi

Zutaten

500 g Kartoffeln; 200 g Hartweizengrieß; 100 g geriebener Parmesan;
1 TL Salz; Muskat; Pfeffer; 2 Eier; 3 EL Butter; etwas Mehl

Zubereitung

Die Kartoffeln waschen, in 20 Minuten garen, pellen, noch heiß durch die
Kartoffelpresse drücken, ausgebreitet auf einem Blech abkühlen lassen.
Grieß und Kartoffeln vermengen, dann mit den übrigen Zutaten (bis auf
die Butter) zu einem geschmeidigen Teig kneten.

Falls der Teig zu klebrig ist, eine kleine Menge Mehl zugeben. Die
Arbeitsfläche gut bemehlen. Jetzt formen Sie aus dem Teig eine etwa
fingerdicke Rolle. Diese in etwa 3 cm lange Abschnitte schneiden. Die
Abschnitte mit der Gabel flach drücken. In einem großen Topf mit viel
Salzwasser zum Kochen bringen. Die Gnocchi einlegen und nach dem
ersten Aufkochen bei mittlerer Hitze vorsichtig ca. 5 Minuten ziehen
lassen. Butter in einer großen Pfanne aufschäumen. Die Gnocchi mit
einem Schaumlöffel herausnehmen und darin schwenken.

Unser Caritas-Tipp

Dazu passen jede pikante Soße, die man zu Nudeln reicht, z. B.
Champignonsoße, Paprikasoße, Gorgonzolasoße, und Blattsalat als
Beilage.

Kartoffelgratin

Zutaten

600 g Kartoffeln; 3 Knoblauchzehen; 3 TL Butter; 9 EL geriebener Emmentaler; etwas Muskat; 375 ml Magermilch; 3 Eier

Zubereitung

Kartoffeln schälen und in feine Scheiben schneiden. Eine Auflaufform mit der Knoblauchzehe ausreiben und mit Butter einfetten. Die Kartoffeln hineingeben. Mit geriebenem Emmentaler und etwas Muskat bestreuen. Magermilch mit den Eiern verquirlen und über die Kartoffeln gießen.

Bei ca. 200 °C im Ofen ca. 30 Minuten überbacken.

Unser Caritas-Tipp

Dazu einen Kopfsalat reichen.

Kartoffelkuchen

Zutaten

1,5 kg Kartoffeln gerieben; 3 Zwiebeln; 3 Eier; Salz; Pfeffer; Muskat; 200 g gekochter Schinken; 200 g geriebener Käse

Zubereitung

Aus den geriebenen Kartoffeln, den gewürfelten Zwiebeln, den Eiern und Gewürzen einen Teig herstellen.

Die Hälfte in eine runde Kuchenform füllen, den gekochten Schinken in Streifen schneiden und daraufgeben. Dann den Rest der Kartoffelmasse darübergeben und mit Käse bestreuen.

Den Kartoffelkuchen ca. 1 Stunde bei 180 °C backen, danach servieren.

Unser Caritas-Tipp

Den Kartoffelkuchen kann man mit einem leckeren Salat servieren.

Kartoffelpfannkuchen mit grüner Soße

Zutaten grüne Sauce:

4 Eier; 1 TL Senf; 2 EL Essig; ½ Bund Zitronenmelisse; 1 Bund gemischte Kräuter für grüne Sauce (Sauerampfer, Schnittlauch, Kerbel, Borretsch, Petersilie, Dill); 250 g Schmand; 150 g saure Sahne; Salz; Pfeffer; 1 Prise Zucker

Zutaten Kartoffelpfannkuchen:

350 g mehlige Kartoffeln; 75 ml Milch; ½ TL Salz; 3–4 EL Mehl; 2 Eier; 1 EL Schmand; Pfeffer; Öl zum Braten

Zubereitung

Eier 10 Minuten kochen, abschrecken und pellen. Das Eiweiß würfeln. Eigelb durch ein feines Sieb streichen und mit Senf und Essig verrühren.

Kräuter verlesen, fein hacken, mit Senf-Eigelb, Eiweißwürfeln, Schmand und saurer Sahne verrühren. Sauce mit Salz, Pfeffer, einer Prise Zucker abschmecken und 1 Stunde kalt stellen. 250 g Kartoffeln schälen, in grobe Stücke schneiden und in wenig Wasser garen. Kartoffeln abgießen, kurz auf dem Herd abdämpfen und durch die Kartoffelpresse drücken. Die heiße Milch unterrühren und erkalten lassen.

Salz, Mehl, Eier und Schmand zum Püree geben, verquirlen und 30 Minuten ruhen lassen.

Restliche Kartoffeln schälen, grob reiben, unter den Teig heben und mit Pfeffer abschmecken. Eine Pfanne mit wenig Öl auspinseln und darin aus dem Teig 8 kleine Pfannkuchen 3–4 Minuten pro Seite backen. Pfannkuchen kurz auf einem Gitter abtropfen lassen und dann mit grüner Sauce servieren.

Kartoffelpuffer mit Apfelkompott

Zutaten

2 unbehandelte Zitronen; 1 kg säuerliche Äpfel; 4 EL Zucker; 1 Zimt-stange; 4 Gewürznelken; 100 ml Wasser; 750 g Kartoffeln; 1 Zwiebel; 1 Knoblauchzehe; 1 Bund Petersilie; 1 Ei; Salz; 40 g Öl; Küchenpapier; Zimt und Zucker zum Bestreuen

Zubereitung

Zitronen waschen, trocken tupfen. Schale mit einem Sparschäler dünn abschälen und dann auspressen. Äpfel schälen, vierteln, entkernen und in Würfel schneiden, mit Zitronensaft beträufeln. Äpfel, Zucker, Zitronenschale, Gewürze und Wasser in einen Topf geben. Zugedeckt aufkochen lassen und bei schwacher Hitze ca. 10 Minuten garen. Abkühlen lassen.

In der Zwischenzeit Kartoffeln waschen, schälen und fein reiben. Kartoffeln gut ausdrücken, Sud dabei auffangen. Zwiebel und Knoblauch schälen, ebenfalls fein reiben und zu den Kartoffeln geben. Petersilie waschen, Blätter von den Stielen zupfen, fein hacken. Petersilie und Ei zu den Kartoffeln geben, alles vermischen und mit Salz würzen.

Aufgefangenen Kartoffelsaft abgießen, zurückbleibenden Stärkesatz zur Kartoffelmasse geben, verkneten. Öl in einer großen Pfanne erhitzen. Portionsweise 3–4 Puffer aus je 1 Esslöffel Kartoffelmasse ca. 2 Minuten von jeder Seite goldbraun braten. Auf Küchenpapier abtropfen lassen.

Zucker und Zimt in ein Schälchen geben. Puffer, Apfelkompott und Zimtzucker zusammen anrichten.

Kartoffel-Würstel-Gulasch

Zutaten

500 g Kartoffeln; 1 rote Chilischote; 750 ml Gemüsebrühe; 1 Lorbeerblatt; Cayennepfeffer; 4 Wiener o. Debreziner; 1 Zwiebel; je 1 rote, grüne, gelbe Paprikaschote; 1 EL Olivenöl; 1 TL Tomatenmark; 1 EL Paprikapulver (edelsüß); Gulaschgewürz; 2 Knoblauchzehen; 1 Streifen unbehandelte Zitronenschale; 1 TL ganzer Kümmel; 1 TL Majoran; ½ TL Salz; Pfeffer

Zubereitung

Kartoffeln schälen und in 2 cm große Würfel schneiden. Chilischote längs halbieren und entkernen. In einem Topf Brühe erhitzen, Lorbeerblatt mit Chilischote einlegen und Kartoffelwürfel darin in 20–30 Minuten garen. Die Flüssigkeit abgießen, die Gewürze dabei entfernen. Den Kartoffelsud mit 50 g der Kartoffelwürfel pürieren und durch ein Sieb passieren, gegebenenfalls mit Cayennepfeffer noch etwas nachschmecken.

Würstel in Scheiben schneiden. Zwiebel schälen und in etwa 1,5 cm große Würfel schneiden. Paprikaschoten entkernen, mithilfe eines Sparschälers die Schale entfernen und in gleich große Rauten schneiden. Die Zwiebel in einem Topf bei kleiner Hitze im Öl glasig anschwitzen, die Paprika dazugeben und noch 2–3 Minuten mitschwitzen lassen. Das Tomatenmark einrühren, kurz darin anschwitzen, das Paprikapulver darüberstreuen und mit dem Kartoffelsud auffüllen.

Für das Gulaschgewürz den Knoblauch und die Zitronenschale fein hacken. Den Kümmel ohne Fett in einer Pfanne anrösten. Alle Gewürze mithilfe eines Messerrückens oder mit einem Mörser zu einer nicht zu groben Paste zerdrücken. Das Gulasch mit der Gewürzpaste würzen und 5–10 Minuten leise köcheln lassen. Die übrigen gekochten Kartoffelwürfel mit den Würstelscheiben dazugeben und mit Salz und Pfeffer abschmecken.

Buttermilchgetzen

Zutaten

1 kg rohe Kartoffeln; 300 g gekochte Kartoffeln; ca. 750 ml Buttermilch; Kümmel; Salz; 40 ml Rapsöl; 200 g Schinkenspeck; ½ Bund Schnittlauch; 1 EL Butter für die Form

Zubereitung

Die Kartoffeln fein reiben, die gekochten Kartoffeln grob zerkleinern. Den Schnittlauch in fein hacken

Den Backofen auf 200°C vorheizen.

Alle Zutaten vermengen, die Masse in eine eingefettete Auflauf- oder Kuchenform geben. Wählen Sie die Form nicht zu groß, denn diese sollte mindestens 0,5 cm hoch gefüllt sein.

Ungefähr eine Stunde im Ofen backen. Zum Servieren die Portionen abstechen.

Unser Caritas-Tipp

Sie können die Buttermilchgetzen mit einem Salat servieren.

Auch als Süßspeise geeignet: Dazu lassen Sie den Schnittlauch weg und servieren die Buttermilchgetzen mit Apfelmus.

Provenzialische Kartoffelpfanne

Zutaten

250 g Kartoffeln; 1 Möhre; 1 Fleischtomate; 1 kleine Zwiebel;
1 Knoblauchzehe; Bouquet garni (1 Lorbeerblatt, 1 Thymianzweig,
1 Petersilienstängel); 100 ml Hühnerbrühe; ½ Bund Petersilie

Zubereitung

Kartoffeln waschen, schälen und grob würfeln. Möhre waschen und in
Scheiben schneiden. Tomate häuten, Kerne herausdrücken und grob
würfeln. Zwiebel und Knoblauch pellen, beides fein würfeln. Bouquet
garni und Brühe zugeben.

Zugedeckt 25 Minuten bei milder Hitze garen. Abschmecken, Bouquet
garni herausnehmen, Gemüse mit Petersilienblättern bestreuen.

Unser Caritas-Tipp

Die angegebene Menge reicht als Beilage zum Beispiel für Fleischküchle.
Wenn Sie es als Hauptgericht servieren, verdoppeln Sie die Menge aller
Zutaten einfach.

Sahnekartoffeln mit Kräutern

Zutaten

750 g Kartoffeln; 5 EL Crème fraîche; 1 Bund Dill; 1 Bund Petersilie;
1 Bund Kerbel; Salz

Zubereitung

Die Kartoffeln in Salzwasser mit der Schale knapp gar kochen (ca.
15 Minuten), abgießen und pellen. In eine Pfanne geben und bei milder
Hitze nach und nach die Crème fraîche zugeben. Sie muss langsam in
die Kartoffeln einziehen. Das dauert etwa 20 Minuten. Dann die Kräuter
waschen, trocken schütteln und fein hacken. Mit den Kartoffeln mischen
und abschmecken.

Unser Caritas-Tipp

Dazu passt roher oder gekochter Schinken.

Kartoffelgröstl

Zutaten

1 kg gekochte Kartoffeln; 80 g Speck; 4 Eier; 125 ml Milch; 200 g würzige Wurst bzw. Bratenrest; Schnittlauch; Salz; Pfeffer; Majoran

Zubereitung

Die gekochten Kartoffeln pellen. In Scheiben schneiden und in ausgelassenem Speck gut anbraten. In einem Topf die Eier mit Milch verquirlen. Fein geschnittene Wurst bzw. Bratenrest, etwas Schnittlauch und die Gewürze zugeben. Die Masse über die heißen Kartoffeln gießen, durchrühren. Das Gericht servieren, sobald die Eier fest sind.

Unser Caritas-Tipp

Dazu einen Tomatensalat servieren.

Nudelgerichte

Penne all'arrabiata

Basilikumnudeln mit Tomaten und Mozzarella

Zutaten

2 Fleischtomaten; ½ Dose geschälte Tomaten; 3 EL Olivenöl;
1 Knoblauchzehe; 2 Lorbeerblätter; Salz; Pfeffer; eine Prise Zucker;
250 g breite kurze Nudeln; 40 g Butter; 150 g Mozzarella; 2 Bund
Basilikum

Zubereitung

Die Tomaten an der Oberseite über Kreuz einritzen, den Stielansatz
kegelförmig herausschneiden. Tomaten kurz in kochendes Wasser legen,
abschrecken, häuten, in dicke Spalten schneiden und entkernen. Die
Tomaten aus der Dose durch ein Sieb streichen.

Olivenöl mäßig warm werden lassen. Die Knoblauchzehe pellen und
in das Öl pressen. Kurz andünsten, mit dem Tomatenpüree auffüllen.
Lorbeerblätter dazugeben und bei milder Hitze leicht cremig einkochen
lassen. Mit Salz, Pfeffer und Zucker würzen. Die frischen Tomaten in der
Sauce nur leicht erhitzen, damit sie nicht zerfallen.

Während die Sauce kocht, die Nudeln in Salzwasser mit dem restlichen
Öl bissfest kochen. Abtropfen lassen und in eine vorgewärmte Schüssel
geben. Butter und die Tomatensauce untermischen. Mozzarella würfeln
und untermischen, damit er schmilzt und Fäden zieht. Die grob
zerzupften Basilikumblätter darüberstreuen. Sofort servieren.

Bunte Blechnudeln

Zutaten

500 g Nudeln; 2 Stangen Porree; 250 g Tomaten (Kirschtomaten); 2 gelbe Paprikaschoten; ½ Bund Petersilie; 4 Eier; 125 g geriebener Käse; 200 g süße Sahne; 1 TL Salz; Pfeffer; Fett für das Blech

Zubereitung

Die Nudeln in kochendem Salzwasser ca. 10 Minuten garen. Den Porree putzen, waschen und in dicke Ringe schneiden. Drei Minuten vor Ende der Garzeit den Porree zu den Nudeln geben und dann abtropfen lassen.

Die Tomaten waschen und halbieren. Die Paprika waschen und in Streifen schneiden. Die Petersilie waschen und fein hacken. Die Eier mit dem Käse und der Sahne verrühren und mit Salz, Pfeffer würzen.

Alle Zutaten in einer großen Schüssel vermengen und auf einem gefetteten Blech oder in einer Auflaufform verteilen. Im vorgeheizten Backofen bei 200 °C ca. 30 Minuten backen.

Fettuccine all'abruzzese

Zutaten

400 g Fettuccine (Bandnudeln); 100 g durchwachsener Speck;
1 Bund Petersilie; ½ Bund Basilikum; 1 kleine Zwiebel; 4 EL Olivenöl;
Salz; Pfeffer; ½ Tasse Fleischbrühe; 50 g geriebener Pecorino oder
Parmesankäse

Zubereitung

Nudeln nach Packungsanleitung kochen, abgießen. Inzwischen Speck
würfeln, Kräuter hacken, Zwiebel abziehen und würfeln. Speck und
Zwiebel im Öl andünsten. Kräuter zufügen und würzen. Brühe angießen
und 10 Minuten garen lassen. Nudeln mit der Soße vermengen und Käse
darüberstreuen.

Fettuccine all'alfredo

Zutaten

350 g Fettuccine (Bandnudeln); 100 g frisch geriebener Parmesan; 120 g Butter; Salz; frischer, grob gemahlener Pfeffer

Zubereitung

Fettuccine nach Grundrezept kochen, das Wasser bis auf einen kleinen Rest abgießen, damit sie nicht zusammenkleben.

In eine vorgewärmte Schüssel füllen, Parmesan unterrühren und dann die Butter in Flöckchen darauf verteilen. Salzen und auf vorgewärmten Tellern mit Pfeffer servieren.

Spaghetti Carbonara

Zutaten

500 g Spaghetti; 200 g durchwachsener Speck; 3–4 frische Eier; nach Geschmack bis zu 2 Tassen Parmesan oder Pecorino romano, frisch gerieben; 50 g Butter; 1 Prise Muskat; Salz; Pfeffer

Zubereitung

Die Pasta in reichlich Salzwasser bissfest kochen. Den Schinken in Würfel schneiden und in wenig Butter anbraten.

Die Eigelbe in einer großen Schüssel mit Salz, Pfeffer und Muskat verquirlen. Die Butter warm zerlassen und gut unter die Eigelbe mischen. Die Speckwürfel und den geriebenen Parmesan gründlich unterrühren.

Wenn die Nudeln gar sind, abgießen, sofort zu der Mischung in der Schüssel geben und noch einmal alles gründlich durchmischen, dann sogleich servieren. Wem es zu dicklich ist, der kann noch ein wenig warmes Nudelwasser zur Soße gießen.

Unser Caritas-Tipp

Verwenden Sie nur ganz frische Eier, denn sie werden nicht komplett erhitzt. Das Ei soll nicht ausfallen, sollte aber eine cremige Konsistenz beim Mischen mit dem Käse und den heißen Spaghetti bekommen. Mit etwas Übung wird die original Carbonara sicher Ihr Lieblingsrezept. Sie sehen hier übrigens, dass original Spaghetti Carbonara ganz ohne Sahne auskommen.

Maccheroni all'amatriciana

Zutaten

100 g Zwiebeln; 100 g Pancetta in Scheiben (ersatzweise durchwachsener Speck); 2 EL Olivenöl; 10 g Butter; 800 g stückige Tomaten; Salz; 500 g Maccheroni corti (kurze Makkaroni); Pfeffer; 100 g grob geriebener Pecorino; ein paar Basilikumblätter

Zubereitung

Die Zwiebeln pellen und in feine Würfel schneiden. Pancetta ebenfalls in feine Würfel schneiden. Olivenöl und Butter in einer Pfanne erhitzen. Zwiebeln und Pancetta darin anbraten. Tomaten dazugeben und bei mittlerer Hitze in 8–10 Minuten zu Mus einkochen lassen. Mit Salz abschmecken.

In der Zwischenzeit die Makkaroni in reichlich kochendem Salzwasser bissfest garen, abgießen und gut abtropfen lassen. Mit der Tomatensauce mischen, kräftig mit Pfeffer abschmecken und mit der Hälfte des Pecorino vermengen. In tiefen Tellern anrichten und mit dem restlichen Pecorino und den Basilikumblättern bestreut servieren.

Penne all'arrabiata

Zutaten

500 g Penne; 3 Zwiebeln, fein gehackt; 4 Zehen Knoblauch; Olivenöl;
2 Dosen Tomaten, stückig; 5 EL schwarze Oliven ohne Stein;
3 EL Kapern; nach Belieben 1 TL Sambal Oelek oder frische oder
getrocknete Chilischoten, kleingehackt; Salz; Pfeffer; frisch geriebener
Parmesan; evtl. 1 Prise Zucker; Petersilie

Zubereitung

Zwiebeln und Knoblauch fein hacken. Den Knoblauch und das Sambal
Oelek oder Chili in etwas Olivenöl andünsten. Wenn der Knoblauch
beginnt, Farbe anzunehmen, Zwiebeln dazugeben, dünsten, bis sie glasig
sind.

Tomaten dazugeben und umrühren. Die Oliven in schmale Streifen
schneiden und zu der Soße geben. Die Kapern (mit etwas vom
Kapernwasser) zu der Soße geben und alles verrühren.

Wasser für die Nudeln aufsetzen. Sobald das Nudelwasser kocht, das
Wasser kräftig salzen. Nudeln kochen, bis sie bissfest (al dente) sind.

Währenddessen die Soße weiter köcheln, bis sie schön cremig ist. Darauf
achten, dass nichts anbrennt. Zum Schluss noch mit etwas Salz, Zucker,
Olivenöl und Pfeffer abschmecken. Eventuell nachschärfen.

Parmesan über die Nudeln reiben, die Petersilie daraufgeben.

Hausgemachte Pasta mit Kräutern

Zutaten

300 g Mehl; 3 Eier; 130 ml Olivenöl; ½ TL Salz; etwas Mehl zum Ausrollen; 1 Knoblauchzehe; 200 g gemischte Kräuter (z. B. Petersilie, Basilikum, Brunnenkresse); ½ TL fein abgeriebene Zitronenschale; 1 TL Senf; Salz; Pfeffer aus der Mühle

Zubereitung

Aus Mehl, Eiern, 1 TL Öl und Salz einen geschmeidigen Teig kneten. Teig in Folie gewickelt ca. 30 Minuten ruhen lassen. Pastateig portionsweise auf wenig Mehl sehr dünn ausrollen und in ca. 5 cm breite Streifen schneiden. Auf einem sauberen, leicht bemehlten Küchentuch antrocknen lassen.

Knoblauch schälen und grob hacken. Kräuter abspülen, trocken schütteln und Blätter zupfen. Knoblauch, Zitronenschale, Senf, Kräuter (etwas zum Frittieren auf die Seite legen) und 100 ml Olivenöl pürieren. Salsa mit Salz und Pfeffer abschmecken. 2 EL Öl in einer Pfanne erhitzen, übrige Kräuter darin kurz knusprig braten, auf Küchenpapier abtropfen lassen, salzen.

Nudeln in reichlich kochendem Salzwasser und dem Rest des Öls 2–3 Minuten garen, abgießen und abtropfen lassen. Pasta und Kräutersalsa gründlich durchschwenken, evtl. noch 3–4 EL Pasta-Kochwasser zugeben. Mit den frittierten Kräuterblättern anrichten.

Caritas-Tipp

Wenn es rasch gehen soll, verwenden Sie für dieses Gericht einfach fertig gekaufte Nudeln.

Salbeinudeln

Zutaten

400 g Nudeln (Rigatoni oder Farfalle); Butter; Olivenöl; frischer Salbei; Salz; Pfeffer; Parmesan, frisch gerieben

Zubereitung

Nudeln nach Packungsanleitung kochen.

In einer Pfanne ein Stück Butter und einen Schuss Olivenöl erhitzen.

Frischen Salbei in Stücke schneiden, in die Pfanne geben und kurz knusprig braten.

Nudeln untermischen, Salz und Pfeffer darüberstreuen, vermengen.

Nach Belieben Parmesan dazu reichen.

Schinkennudeln klassisch

Zutaten

250 g Nudeln; 150 g gekochter Schinken; 1 Zwiebel; 1 EL Sonnenblumenöl; 2 Eier; Salz; Cayennepfeffer; evtl. Kräuter, z B. Petersilie,
Basilikum; Schnittlauch; Pfeffer

Zubereitung

Nudeln nach Packungsanweisung bissfest kochen.

Inzwischen Schinken in kleine Streifen schneiden und die Zwiebel klein
hacken. In einer Pfanne bei mittlerer Hitze im Öl leicht anbraten.

Die fertigen Nudeln zugeben, vermengen und ca. 3 Minuten bei mittlerer
Hitze braten.

Die Eier verquirlen, untermischen und stocken lassen. Die Nudeln je
nach Geschmack mit Kräutern, Salz und Pfeffer würzen.

Schmetterlingsnudeln

Zutaten

400 g Schmetterlingsnudeln; 20 g getrocknete Steinpilze; 100 g Zucker-schoten; 100 g Parmaschinken (dünne Scheiben); 100 g Champignons; 100 g Erbsen (TK); 50 g Butter; 200 ml Schlagsahne; Salz; schwarzer Pfeffer aus der Mühle

Zubereitung

Nudeln nach Packungsanleitung kochen.

Inzwischen die Steinpilze in 150 ml Wasser aufkochen, zum Ausquellen beiseitestellen. Zuckerschoten putzen und schräg in Streifen schneiden. Den Schinken in große Stücke schneiden. Die Champignons säubern und in Scheiben schneiden.

Zuckerschoten und Erbsen in Salzwasser 1 Minute blanchieren.

Butter in einer großen Pfanne erhitzen. Steinpilze mit Flüssigkeit, Zuckerschoten, Champignons, Erbsen und Schinken 2 Minuten darin andünsten. Mit Sahne auffüllen, 3 Minuten einkochen lassen und mit Salz und Pfeffer würzen.

Die Nudeln mit Soße in einer vorgewärmten Schüssel mischen und sofort servieren.

Spaghetti mit Zucchini-Sahne-Soße

Zutaten

500 g Spaghetti; 500 g Zucchini; 1–2 EL Öl; etwas Brühe; Salz; 1 Knoblauchzehe; 1 Becher Sahne; evtl. etwas Milch; 1–2 EL Currypulver; Pfeffer; Streuwürze

Zubereitung

Spaghetti nach Packungsanleitung kochen.

Zucchini gut waschen, in kleine Stücke schneiden und in Öl zugedeckt weich dünsten. Gleich etwas Brühe und Salz darüberstreuen. Knoblauchzehe hineindrücken.

Pürieren, Sahne und evtl. Milch dazugeben, so dass eine sämige Soße entsteht.

Erst vor dem Anrichten mit Pfeffer fertig würzen (je nach Geschmack auch mit Currypulver).

Spaghettini in Limonencreme

Zutaten

400 g Spaghettini; 2 Schalotten; 30 g Butter; 20 g Mehl;
500 ml Gemüsebrühe; 250 ml Sahne; Salz; Pfeffer; 2 Limonen

Zubereitung

Spaghettini in Salzwasser 3–4 Minuten garen, abseihen und beiseitestellen. Schalotten fein hacken und in Butter glasig schwitzen. Mehl
einstreuen und ebenfalls anschwitzen. Gemüsebrühe zugießen
und aufkochen. Sahne zugeben. Mit Salz, Pfeffer, abgeriebener
Limonenschale und Limonensaft abschmecken.

Soße über die Spaghettini geben und servieren.

Tagliardi alla panna

Zutaten

250 g grüne Tagliardi (breite, ganz kurze Nudeln); 60 g Grana (oder Parmesan) am Stück; 60 g durchwachsener Speck; 2 Knoblauchzehen; 1 kleiner Zweig frischer Rosmarin; ½ Bund frischer Thymian; 6 EL Olivenöl; 20 g Butter; 250 ml Schlagsahne; 1 Prise Salz; Pfeffer aus der Mühle; 2 EL Grana

Zubereitung

Für die Nudeln reichlich gesalzenes Wasser zum Kochen bringen und nach Packungsanleitung kochen. Inzwischen den Grana fein raspeln. Den Speck ohne Schwarte sehr fein würfeln.

Den Knoblauch pellen, Rosmarin und Thymian von den Stielen streifen. Knoblauch, Rosmarin und Thymian zusammen sehr fein hacken.

Den Speck in einer tiefen Pfanne im Olivenöl langsam ausbraten. Die Kräutermischung darin unter Rühren sanft andünsten. Die Butter dazugeben und schmelzen lassen.

Die Nudeln nach Packungsanweisung 3–4 Minuten kochen. Die Sahne in die Pfanne geben und bei etwas stärkerer Hitze leicht kochen lassen. Mit Salz und Pfeffer würzen. Die Nudeln abgießen, lauwarm abbrausen und – nur kurz abgetropft – in der Sahnesoße wenden. 2 EL Grana untermischen und sofort anrichten. Den restlichen Käse extra servieren.

Zigeunernudeln

Zutaten

1 Zwiebel; 2 Knoblauchzehen; 2 EL Olivenöl; 200 g Hackfleisch;
1 kleine Dose Tomaten; 1 EL Tomatenmark; 1 kleine gelbe oder rote
Paprikaschote; 1 Bund Petersilie; Salz; Pfeffer; 4 EL süße Sahne;
400 g Penne

Zubereitung

Gehackte Zwiebel und Knoblauch in heißem Öl andünsten. Hackfleisch
hinzufügen und braten, bis es krümelig geworden ist.

Tomaten mit dem Saft aus der Dose und das Tomatenmark unterrühren.
Ebenso die in winzige Würfel geschnittene Paprikaschote und die sehr
fein gehackte Petersilie. Salzen, pfeffern und bei mittlerer Hitze eine
halbe Stunde köcheln. Falls die Soße anzusetzen droht, einen Schuss
Wasser oder Brühe dazugießen. Zum Schluss sollte die Soße dick
eingekocht sein.

Die Sahne unterrühren und die inzwischen in Salzwasser knapp gar
gekochten Nudeln hinzufügen. Gut mischen und noch einige Minuten
köcheln lassen.

Rote Käsenudeln

Zutaten

500 g Nudeln (z. B. Farfalle); 2 rote Paprika; 1 große Zucchini;
4 Ecken Schmelzkäse; 1 Pckg. gestückelte Tomaten; Salz; Pfeffer;
etwas Tomatenmark; Kräuter (nach Geschmack)

Zubereitung

Nudeln nach Packungsanweisung kochen. Paprika und Zucchini klein schneiden, nach der Hälfte der Kochzeit mit in den Topf legen und mitdünsten.

Danach abschütten. Schmelzkäse, Tomatenstückchen, Tomatenmark unterrühren und mit Salz, Pfeffer, Kräutern abschmecken.

Penne mit Brokkoli und Tomaten

Zutaten

500 g Tomaten; 750 g Brokkoli; ½ Bund glatte Petersilie; 2 Schalotten; 2 Knoblauchzehen; 1 kleine rote Chilischote; 400 g Penne; 75 g Butter; Salz; Pfeffer aus der Mühle; Parmesan (je nach Geschmack)

Zubereitung

Die Tomaten putzen, kreuzweise einschneiden und kurz mit kochendem Wasser überbrühen. Tomaten häuten, entkernen und in Spalten schneiden.

Brokkoli putzen und in Röschen teilen. Dicke Stiele schälen und klein schneiden. Das Gemüse in wenig kochendem Salzwasser zugedeckt ca. 4 Minuten dünsten. Abgießen und gut abtropfen lassen.

Nudeln nach Packungsanweisung in reichlich kochendem Salzwasser bissfest garen. Die Petersilie abspülen, Blättchen abzupfen und evtl. grob hacken.

Schalotten und Knoblauch schälen und fein würfeln. Chilischote abspülen, entkernen und fein hacken. Butter in einer Pfanne erhitzen. Schalotten, Knoblauch und Chili darin andünsten. Tomaten und Brokkoli zugeben und alles bei mittlerer Hitze ca. 4 Minuten durchschwenken. Mit Salz, Pfeffer abschmecken und Petersilie zugeben.

Nudeln abgießen, gut abtropfen lassen und mit dem Gemüse anrichten. Evtl. mit frisch geriebenem Parmesan servieren.

Spaghetti Bolognese à la Mamma Simone

Zutaten

2 Knoblauchzehen, zerdrückt; evtl. ½ Chillischote ohne Kerne, gehackt; 400 g gemischtes Hackfleisch; 1 EL Öl; 200 g Champignons geschnitten; 1 Zwiebel, fein gehackt; 1 Dose stückige Tomaten; Salz; Pfeffer; 1 EL Oregano; 100 ml Sahne; 40 g geriebener Parmesan; gehackte Petersilie; 400 g Spaghetti

Zubereitung

Das Öl in eine Pfanne geben, Knoblauch und Chilli andünsten, bis der Knoblauch beginnt, Farbe anzunehmen.

Das Hackfleisch dazugeben, scharf anbraten, dann aus der Pfanne nehmen und kräftig mit Salz und Pfeffer abschmecken.

Champignons und Zwiebel in die Pfanne geben, dünsten. Wenn die Champignons eingekocht sind, die Dose Tomaten dazugeben. Mit Salz, Peffer und Oregano würzen, das Ganze weitere 5 Minuten lang dünsten.

Sahne dazugeben, 3 Minuten einkochen lassen. Fleisch wieder dazugeben, alles noch einmal erwärmen, aber nicht mehr kochen. Noch einmal kräftig abschmecken. Die Hälfte des Parmesans untermischen.

Während die Soße noch etwas ruht, die Spaghetti in einem großen Topf in Salzwasser bissfest kochen.

Beim Anrichten die Soße über die Nudeln geben und mit dem restlichen Parmesan und Petersilie bestreuen.

Sauce hollandaise

Soßen

Eine solide Grundlage für viele Pastasoßen: die Tomatensoße

Standard-Tomatensoße

Zutaten

(für ca. 1,2 Liter Soße): 5 EL Olivenöl; 3 kleine Zwiebeln; 4 Knoblauchzehen (möglichst frisch); 1,5 kg geschälte Tomaten aus der Dose; 2 Lorbeerblätter; 4 Zweige Thymian; 1 Zweig Rosmarin; 4 Zweige Oregano; Salz; Pfeffer; etwas Zucker

Zubereitung

Olivenöl in einem großen Topf erhitzen. Zwiebeln schälen, in feine Würfel schneiden und Knoblauch schälen, fein hacken. Zwiebel und Knoblauch farblos anschwitzen. Tomaten und Lorbeerblätter zufügen und alles mit einem Schneebesen kräftig verrühren.

Die Tomatensoße bei mittlerer Temperatur gleichmäßig sanft köcheln lassen. Wer ein Induktionskochfeld sein Eigen nennt, kann die Temperatur perfekt einstellen. Alle anderen müssen aufpassen – sollte die Soße zu stark kochen, brennt sie sehr schnell an!

Kräuter waschen, trocken schleudern, Blättchen von den Stielen entfernen, hacken und zur Soße geben. Achtung: Rosmarin will besonders fein gehackt sein!

Die Soße 90–120 Minuten kochen lassen, bis sie eine sämige Konsistenz erhält. Währenddessen gelegentlich mit dem Schneebesen rühren. Soße mit Salz, Pfeffer und Zucker abschmecken und kochend heiß randvoll in saubere Gläser mit Schraubverschluss füllen.

Gläser sofort verschließen und abkühlen lassen. Durch das im Glas entstandene Vakuum hält die Soße mindestens vier Wochen.

Variante 1: mediterran-vegetarisch

Fügen Sie einfach schwarze Oliven und Kapern hinzu und geizen Sie nicht mit frisch gemahlenem, schwarzem Pfeffer. Wer will, peppt das Ganze zusätzlich mit fein gehackten Anchovisfilets auf. Vorsicht, hier gilt: Weniger ist mehr!

Variante 2: knusprig-pikant

Fein gewürfelten Bauchspeck anbraten. Sobald er knusprig ist, dünne Ringe einer Chilischote hinzufügen und dann das Ganze mit Tomatensugo auffüllen. Die Soße sollte ca. 5 Minuten köcheln. Zum Schluss gibt man frische, gehackte Petersilie hinzu.

Variante 3: sommerlich-frisch

Tomatensoße mit der gekochten Pasta mischen und darüber gewürfelten Mozzarella und frisches Basilikum verteilen.

Variante 4: deftig-rustikal

Die Idee: Soße mit weißen Bohnen. Dazu Knoblauch in etwas Olivenöl anschwitzen. Weiße Bohnen aus der Dose abspülen, mit Tomatensugo mischen und einen Zweig Salbei hinzufügen. Alles mindestens 10 Minuten leicht kochen lassen, evtl. einen Schuss Wasser zufügen und mit geriebenem Parmesan zur Pasta servieren.

Variante 5: raffiniert-maritim

Einfach Thunfisch aus der Dose und etwas Cayennepfeffer unter die Soße heben und das Ganze mit einem Schuss Wodka abschmecken.

Variante 6: alla Calabrese

Wer nicht auf Fleisch verzichten will, sollte diese Kreation unbedingt ausprobieren: Italienische Salsicciawürste pellen und mit den Händen in mundgerechte Stücke teilen. Die Stücke in Olivenöl scharf anbraten und mit Tomatensauce auffüllen. Gehackten Thymian und Rosmarin zufügen. Den Sugo mindestens 10 Minuten köcheln lassen. Eventuell einen kleinen Schuss Wasser angießen. Die Soße kräftig mit Pfeffer abschmecken.

Sauce hollandaise herstellen

1. Wasser für Wasserbad bis zum Siedepunkt erhitzen. Zutaten außer die Butter in eine Schüssel geben.

2. Die Eimasse mit dem Schneebesen verrühren.

3. Schüssel auf das Wasserbad setzen. Das Wasser darf nicht kochen! Schlagen, bis sich eine cremige Konsistenz bildet.

4. So cremig soll die Konsistenz der Eimasse beschaffen sein, wenn Sie die Butter zugeben.

5. Nun die zerlaufene Butter zugeben, alles weiterrühren.

6. Zu Spargel oder Gemüse servieren. Guten Appetit!

Sauce hollandaise

Zutaten

3 Eigelb; 1 gestr. TL Speisestärke; 125 ml warme Spargelbrühe;
2 EL frisch gepresster Zitronensaft; je eine Prise Salz, Pfeffer, Zucker;
100 g Butter, warm zerlassen

Zubereitung

In einem Kochtopf von ca. 2 Litern Fassungsvermögen mit großem
Durchmesser (flacher Topf ist optimal) Wasser etwa 5 cm hoch einfüllen
und bis kurz vor dem Kochen erhitzen.

Die Eigelbe, die Spargelbrühe, den Zitronensaft, die Speisestärke und
die Gewürze in eine hitzebeständige Schüssel, z. B. Glas, Edelstahl,
Cromargan, geben und auf den Wassertopf setzen. Das Wasserbad muss
sehr heiß sein, darf aber nicht kochen.

Die Masse mit einem Schneebesen schaumig schlagen, stetig auf dem
Wasserbad weiterschlagen, bis sich die Masse zu einer dicklichen Creme
verbunden hat. Anschließend die zerlassene Butter darunterrühren.

Die Soße mit Salz abschmecken und sofort servieren.

Dazu passt Stangenspargel oder Blumenkohl.

Unser Caritas-Tipp

Die abgeschlagene Soße darf nicht lange stehen, deshalb erst kurz vor
dem Servieren herstellen.

Nehmen Sie nur frischen Zitronensaft zum Würzen der Sauce
hollandaise!

Gorgonzolasoße

Zutaten

125 ml Weißwein; 125 ml Sahne; 150 g Gorgonzola; 2 Eigelb; Salz; Pfeffer

Zubereitung

Wein und Sahne in einem Topf erhitzen. Gorgonzola in kleine Würfel schneiden, zugeben und schmelzen lassen. Nochmals kurz heiß werden lassen und dann die Hitze abstellen.

Eigelbe in einer Schüssel glatt rühren und mit einem Soßenlöffel Wein-Sahne-Mischung vermengen, dies nenn man „angleichen", in die Soße einrühren. Nicht mehr kochen. Mit Salz und Pfeffer je nach Geschmack abschmecken.

Unser Caritas-Tipp

Dazu passen Bärlauchspätzle, Spinatspätzle, blanchiertes Gemüse und natürlich Nudeln, z. B. Penne.

Knoblauch-Öl-Soße (Aglio-Olio zu Spaghetti)

Zutaten

4–6 Knoblauchzehen; 1 Bund glattblättrige Petersilie; 500 g Spaghetti; 6 EL Olivenöl; Salz; Pfeffer; frisch geriebener Parmesan

Zubereitung

Knoblauch schälen und in feine Scheiben schneiden. Petersilienblätter abzupfen und in feine Streifen schneiden.

Die Spaghetti in reichlich Salzwasser „al dente" kochen.

Inzwischen Olivenöl erhitzen und den Knoblauch darin golden rösten. Mit einer halbvollen Suppenkelle vom Nudelwasser ablöschen und zu einer sämigen Soße einkochen.

Die Nudeln abgießen, abtropfen lassen und in der Soße wenden. Mit dem restlichen Olivenöl und den Petersilienstreifen mischen, sparsam salzen und reichlich pfeffern. Noch 1–2 Minuten durchziehen lassen, dabei ein paarmal gut durchmischen und mit Parmesankäse servieren.

Unser Caritas-Tipp

Wer es scharf mag, kann noch ein oder zwei getrocknete und grob zerbröselte Chilischoten (Peperoncini) mit dem Knoblauch anrösten.

Meerrettichsoße

Zutaten

65 g Butter; 65 g Mehl; 400 ml Fleischbrühe; 400 ml Milch;
80 g Meerrettich; Sahne; Salz; Pfeffer

Zubereitung

Zuerst eine Mehlschwitze herstellen. Dazu Butter zerlaufen lassen und
dann Mehl einrühren, bis das Mehl die Butter aufgesaugt hat.

In die Mehlschwitze heiße Fleischbrühe, Milch, Meerrettich, Sahne
geben und unter ständigem Rühren noch etwas köcheln lassen, mit Salz
und Pfeffer würzen.

Unser Caritas-Tipp

Die Meerrettichsoße passt gut zu Tafelspitz.

Sahnesoße mit Speck und Champignons

Zutaten

100 g Räucherspeck oder Schinken; 1 Schalotte; 2 TL Mehl;
1 Knoblauchzehe; 200 ml Sahne; 200 ml Milch oder Brühe;
200 g Champignons in feinen Scheiben; Pfeffer; evtl. etwas Salz;
350 g Nudeln (z. B. Spaghetti); Kräuter nach Geschmack

Zubereitung

Speck fein würfeln und ausbraten. Schalotte fein würfeln, zugeben und kurz anschwitzen. Mit Mehl bestäuben und gut verrühren. Knoblauch fein würfeln und zugeben. Mit Sahne und Milch oder Brühe angießen und kurz aufkochen. Hitze reduzieren und Champignons zugeben. 1 Minute weiter köcheln und mit Pfeffer abschmecken (Vorsicht mit Salz). Pasta währenddessen kochen, abgießen und dann in die Soße geben, gut mischen und servieren.

Unser Caritas-Tipp

Schärfe kann mit Chili und etwas Frische durch Zugabe von frischer, gehackter Petersilie erreicht werden. Man kann auch jedes Gemüse nach Geschmack mit zugeben (z. B. Zucchini, Karotten, Erbsen ...)

Dips für Gemüsestreifen

Grundrezept Zutaten

150 g Crème fraîche; Saft von einer halben Zitrone; 1 Becher Joghurt; 2 EL Magerquark; ½ TL Salz; 1 gestr. TL Zucker; etwas Pfeffer

Zubereitung

Alle Zutaten in eine Rührschüssel geben und mit einem Schneebesen glatt rühren.

Varianten

Gurken-Dip
Zutaten: ½ Salatgurke; 1 EL frische Minze; 1 Knoblauchzehe

Die Salatgurke waschen, schälen, raspeln. Frische Minze waschen, fein hacken und die Knoblauchzehe ausdrücken. Jetzt mit der Grundmischung vermischen und servieren.

Curry-Dip
Zutaten: 1 säuerlicher Apfel; 1–2 TL Curry

Apfel waschen, schälen und fein reiben. Nun den Apfel und den Curry mit der Grundmischung servieren.

Manhattan-Dip
Zutaten: 3 EL Ketchup; einige Spritzer Tabasco; 1 EL Honig

Alle Zutaten vermengen und mit der Grundsoße vermischen.

Unser Caritas-Tipp

Gemüse je nach Geschmack (z. B. Karotten, Paprika, Kohlrabi, Gurken, Zucchini) in gleichmäßige dünne Streifen schneiden und in die Soßen dippen.

Paprikasoße

Zutaten

6 gelbe und orange Paprikaschoten; 200 ml Gemüsebrühe; 3 Zwiebeln;
1 Knoblauchzehe; ½ Chillischote (nach Geschmack); Salz; weißer Pfeffer

Zubereitung

Paprika waschen, putzen und grob zerkleinern. Zwiebeln schälen und
grob zerteilen. Knoblauchzehe zerdrücken, die Chillischote ebenfalls
kleinschneiden, die Kerne entfernen.

Alle Zutaten außer Salz und Pfeffer in einen großen Topf geben und zum
Kochen bringen. Bei mittlerer Hitze 20–30 Minuten leicht köcheln lassen.

Salzen und pfeffern, etwas abkühlen lassen. Mischung in einen
Standmixer geben, gut durchmixen. In den Topf zurückgeben und
nochmals köcheln, bis die Soße eindickt, gegebenenfalls nachwürzen.

Unser Caritas-Tipp

Zu diesem tollen und bunten Allrounder passen Gnocchi oder Nudeln,
Geflügel, Fisch oder gegrilltes Fleisch.

Die Soße kann man auch mit roten Paprika zubereiten. Dann zusätzlich
noch etwas Paprikapulver dazugeben.

Pikante Teigspeisen

Vegetarische Pizza

Flammkuchen

Zutaten Teig

½ Würfel Hefe; ½ kg Mehl (Typ 405); 250 ml Wasser; 10 g Salz; 100 ml Olivenöl

Zutaten Belag

150 ml Sahne; 150 g Rahmquark (40 %); 2 EL Sonnenblumenöl; Salz; Pfeffer; 200 g durchwachsener Speck; 2 Zwiebeln

Zubereitung

Hefe in 50 ml Wasser auflösen und 10 Minuten stehen lassen.

Mehl in eine Schüssel sieben. In der Mitte eine Vertiefung machen. Die aufgelöste Hefe zugeben, mit etwas Mehl zu einem dünnen Brei verrühren. 15 Minuten stehen lassen und dann das Salz dazumischen.

Olivenöl, restliches Wasser und Mehl abwechselnd zugeben und in der Schüssel mit einem Kochlöffel zu einem Teig verarbeiten. Anschließend auf einer trockenen Arbeitsfläche 5 Minuten lang zu einem glatten Teig durchkneten, dann zu einer Kugel formen und in die Schüssel zurückgeben. Mit einem feuchten Tuch bedeckt an einem warmen Ort 1½ Stunden gehen lassen.

Teig so dünn wie möglich ausrollen. Sahne, Quark, Sonnenblumenöl, Salz, Pfeffer gut miteinander vermischen und auf den Teig streichen. Speckstreifen und Zwiebelringe darüberstreuen. Für ca. 15 Minuten in den auf 250 °C vorgeheizten Backofen schieben.

Gefüllte Pfannkuchen

Zutaten

250 g Mehl; 3 Eier; 500 ml Milch; etwas Salz; Fett zum Anbraten;
125 g gewürfelter Bauchspeck; 1 Zwiebel; 1 große Dose Champignons;
1 Becher Sahne; Salz; Pfeffer; etwas Milch; 200 g Reibekäse

Zubereitung

Mehl, Eier, Milch und etwas Salz zu einem glatten Teig verrühren.
Portionsweise in eine Pfanne geben, Pfannkuchen ausbacken und
beiseitestellen.

Den Bauchspeck in wenig Fett anbraten, Zwiebel würfeln, dazugeben
und mitbraten. Dann die abgetropften Champignons zugeben, mitdünsten und mit der Sahne aufgießen.

Mit Salz, Pfeffer abschmecken und kurz zusammen weiter köcheln
lassen, bis es etwas dicker geworden ist.

Diese Masse auf die Pfannkuchen verteilen und aufrollen. In einer
eingefetteten Auflaufform schichten, mit etwas Milch übergießen und
mit dem Reibekäse bestreuen.

Das Ganze dann im vorgeheizten Backofen bei ca. 175 °C Umluft etwa
20 Minuten überbacken.

Unser Caritas-Tipp

Man kann je nach Geschmack noch Kräuter zugeben.

Auch jede andere Art von Gemüse eignet sich als Füllung, z. B. Zucchini
und Karotten, Paprika, Brokkoli usw. – am besten je nach Saison.

Dazu passt gut ein grüner Salat.

Krautkrapfen

Zutaten Teig

200–250 g Mehl; 2 große Eier; Salz; 80–100 g Fett; Wasser

Zutaten Füllung

750 g Sauerkraut; 100–125 g Speck; 50 g Butter; 1–2 Zwiebeln; Salz

Zubereitung

Sauerkraut kochen. Speck und Zwiebeln fein würfeln. Beides zusammen in einer Pfanne mit Butter anbraten. Das Kraut zufügen und ca. 15 Minuten dünsten.

Den Teig aus den angegebenen Zutaten herstellen, in zwei Portionen teilen, dünn ausrollen und das Sauerkraut darauf verteilen. Fest aufrollen und in ca. 5 cm lange Stücke schneiden.

Krautkrapfen mit der Schnittfläche nach unten in eine ausgefettete Pfanne geben, anbräunen. Mit wenig leicht gesalzenem Wasser aufgießen und zugedeckt ca. eine halbe Stunde bei mittlerer Hitze garen lassen.

Pizzateig

Hinweis: Ergibt 6–8 mittelgroße, dünne Pizzaböden oder zwei Bleche Pizza

Zutaten

800 g Weizenmehl; 200 g Hartweizengrieß; 1 Würfel Hefe (40 g); 1 gestrichener TL Salz; 1 EL brauner Zucker; ca. 650 ml lauwarmes Wasser

Zubereitung

Mehl, Grieß und Salz in eine große Schüssel geben und in die Mitte eine Mulde drücken. Die Hefe, den Zucker mit einer Gabel mischen, in die Mulde geben und das lauwarme Wasser darübergießen. Ein paar Minuten ruhen lassen, bis die Hefe gärt. Alles mit der Hand oder mit einer Küchenmaschine verkneten, bis ein geschmeidiger Teig entsteht. Das kann bis zu 10 Minuten dauern.

Jetzt den Teig zugedeckt mindestens 15 Minuten oder bis zur weiteren Verarbeitung ruhen lassen.

Ideal ist es, wenn Sie den Teig 15–30 Minuten vor der Verarbeitung ausrollen bzw. auf die Bleche geben. Allerdings lässt sich eine kleinere Pizza leichter handhaben.

Die ausgewählten Zutaten für den Belag der Reihe nach auf dem Teig verteilen.

Bei 250 °C jeweils ca. 7–10 Minuten backen.

Unser Caritas-Tipp

Falls Sie keinen Grieß haben, können Sie die Menge durch Mehl ersetzen.

Pizza vegetarisch

Hinweis: Auflage reicht für 1 Blech Pizza

Zutaten

8 EL Tomatensoße, 12 Scheiben Tomaten, frisches Basilikum, schwarze Oliven; 200 g Mozzarella, in kleine Stücke zerpflückt; Meersalz und schwarzer Pfeffer; 2 EL Olivenöl

Zubereitung

Teigboden zubereiten, mit der Tomatensoße bestreichen. Zuerst den zerpflückten Mozzarella, dann die Tomatenscheiben, einige Basilikumblätter und die Oliven drauflegen, salzen und pfeffern, mit Olivenöl beträufeln. Die Pizza knusprig braun backen. Nach dem Backen können noch einige Basilikumblätter zur Dekoration draufgelegt werden.

Pizza mit gebratenem Schweinefleisch

Zutaten

200 g gebratenes Schweinefleisch (übrig gebliebener Schweinebraten zum Beispiel), 4 EL Tomatensoße; 100 g würziger Käse, z. B. Parmesan; 1 EL frischer Thymian; 1 kleiner Bund Rucola; Zitronensaft, Salz; Pfeffer

Zubereitung

Den Teigboden dünn mit Tomatensoße bestreichen und zuerst das Fleisch, dann den Käse und zuletzt die Thymianblättchen auf den Teig geben. Olivenöl darüberträufeln und die Pizza knusprig braun braten. Den Rucola mit dem Zitronensaft mischen, über die Pizza geben. Nach Geschmack mit Salz und Pfeffer würzen.

Römische Nocken

Zutaten

600 ml Milch; Salz; weißer Pfeffer; Muskatnuss (frisch gerieben);
50 g Butter; 125 g Weichweizengrieß; 75 g Parmesan (frisch gerieben);
1 Eigelb; 2 EL Olivenöl; 5 frische Salbeiblätter

Zubereitung

Die Milch mit Salz, Pfeffer, Muskat würzen und mit 25 g Butter
aufkochen. Den Grieß einrieseln lassen und mit einem Schneebesen
unterrühren. Bei milder Hitze 5 Minuten kochen. Den Topf von der
Herdplatte nehmen und 50 g Parmesan und das Eigelb unterrühren. Die
warme Grießmasse 1,5 cm dick auf ein Blech streichen und kalt stellen.
Dann mit einem Ausstecher Halbmonde ausstechen. Eine feuerfeste
Form mit Öl auspinseln und die Nocken in die Form setzen. Den Salbei in
feine Streifen schneiden. Salbei, Butterflocken und restlichen Parmesan
auf den Nocken verteilen.

Im Backofen mit Grillfunktion (falls vorhanden) auf der zweiten
Einschubleiste von unten in 8 Minuten goldbraun überbacken.
Ansonsten im heißen Backofen den Belag überschmelzen lassen.

Unser Caritas-Tipp

Die Nocken passen besonders gut zu Lammgulasch.

Zwiebelkuchen vom Blech

Zutaten

150 ml Milch; 30 g frische Hefe; 375 g Mehl; 5 Eier (Größe M);
50 g Butter; 1 Prise Zucker; Salz; 3 Gemüsezwiebeln;
100 g Frühstücksspeck; 1–2 EL Öl; 200 g Gratinkäse; 5 Stiele Majoran;
450 g Crème fraîche; Pfeffer; frisch geriebene Muskatnuss; Fett und
Paniermehl für das Backblech; Majoran zum Garnieren

Zubereitung

Milch erwärmen. Hefe hineinbröckeln und darin auflösen. Mehl,
1 Ei, Butter, Zucker, eine Prise Salz und Hefemilch glatt verkneten.
Ca. 30 Minuten zugedeckt an einem warmen Ort gehen lassen. Zwiebeln
schälen und in Ringe schneiden. Speck in Streifen schneiden. Öl in
einer Pfanne erhitzen und Zwiebelringe darin portionsweise anbraten,
herausnehmen.

Speckstücke in der Pfanne anbraten und abtropfen lassen. Käse fein
reiben. Majoran waschen, trocken tupfen und fein hacken. Crème fraîche
und die restlichen Eier glatt rühren. Mit Salz, Pfeffer, Muskat würzen
und Majoran unterrühren. Ein Backblech fetten und mit Paniermehl
ausstreuen. Hefeteig kurz durchkneten und in der Fettpfanne dünn
ausrollen. Den Teig am Rand mit den Händen hoch drücken. Teig
mehrmals mit einer Gabel einstechen. Zwiebelringe darauf verteilen,
Eier-Crème-fraîche-Masse darauf verteilen und mit Käse und Speck
bestreuen. Im vorgeheizten Backofen (Umlauft 150 °C) ca. 45 Minuten
backen. Etwas abkühlen lassen, in Stücke schneiden und mit Majoran
garnieren.

Panna Cotta

Süßspeisen & Desserts

Saisonkalender Obst

Gemüse	Jan	Feb	Mär	Apr	Mai	Jun	Jul	Aug	Sep	Okt	Nov	Dez
Aprikosen							■	■				
Brombeeren							■	■	■	■		
Erdbeeren					■	■	■	■				
Frühäpfel							■	■				
Himbeeren						■	■					
Hollunder									■	■	■	
Kirschen/Weichseln						■	■					
Marillen							■	■				
Melonen								■	■			
Nektarinen							■	■				
Pfirsiche							■	■				
Preiselbeeren								■	■			
Quitten									■	■		
Rhabarber				■	■	■						
Spätäpfel	▨	▨	▨						▨	▨	▨	▨
Spätbirnen	▨	▨							▨	▨	▨	
Stachelbeeren						■	■	■				
Weintrauben									■	■		
Zwetschgen							■	■				

Lagerware

Hauptsaison

Eines ist natürlich klar: In modernen Zeiten bekommt man auch heimisches Obst zu jeder Zeit. Es stellt sich nur die Frage: Woher kommt das Obst und zu welchem Preis muss es erworben werden? Wenn Sie sich grob nach dem Saisonkalender richten, so stimmt das Preis-Leistungs-Verhältnis in aller Regel.

Exotisches Obst wie Ananas und Orangen haben bei uns im Winter Hochkonjunktur. Auch hier gilt: Schauen Sie auf das Herkunftsland, die Qualität und den Preis.

Obst – Warenkunde

Nährwerte und Wirkung von Obst

Frische Früchte und Beeren haben einen niedrigen Gehalt an Kohlenhydraten in Form von Fruchtzucker. Sie enthalten aber für unseren Körper bedeutende Mengen an Mineralstoffen. Der Gehalt an Vitaminen liegt generell hoch, solange die Früchte frisch sind. Sie wirken sich ebenfalls fördernd auf die Darmtätigkeit aus. Vollreife, einheimische Früchte sind von Natur aus so süß, dass Sie auf zusätzlichen Zucker verzichten können.

Wie beurteilt man Obst?

Kaufen Sie Beeren und Obst, das frisch, schön und prall aussieht. Beschädigte Früchte lassen in Kürze in ihrer Qualität nach. Kaufen Sie heimische Früchte oder solche aus dem europäischen Ausland. Kurze Transportwege kommen der Qualität und Frische sicher entgegen.

Wie bewahrt man Obst und Beeren auf?

Eigentlich sollte man Früchte sofort nach dem Kauf verzehren, dann sind sie am wertvollsten. Wenn Sie sie lagern müssen, bringen Sie die Früchte so rasch wie möglich ins Kühle. Beeren legen Sie am besten auf einem Teller aus, dann sind sie ein paar Tage haltbar.

Die Zubereitung von Obst

Beeren sind sehr empfindlich. Berühren Sie diese so wenig wie möglich, waschen Sie sie erst kurz vor dem Servieren und nur, wenn es unbedingt nötig ist. Entfernen Sie die Stiele von Obst erst nach dem Waschen.

Aprikosenauflauf

Zutaten

50 g Butter; 50 g Zucker; 3 Eier; 2 EL Grieß; 500 g Magerquark; 1 Prise Salz; Saft und Schale von 1 Zitrone; 500 g Aprikosen (frisch oder aus der Dose); Butterflöckchen; Mandelplättchen

Zubereitung

Butter und Zucker schaumig rühren, Eigelb dazugeben und gut unterrühren. Grieß, Quark, Salz und Zitrone unterheben.

Eiweiß steif schlagen und vorsichtig unterziehen.

Eine Auflaufform ausfetten, die Hälfte der Masse einfüllen, mit Aprikosenhälften belegen und mit der restlichen Masse bedecken.

Butterflöckchen und Mandelplättchen darüber verteilen und im vorgeheizten Backofen bei ca. 180–200 °C eine Stunde backen.

Nach etwa zwei Dritteln der Backzeit den Auflauf mit Pergamentpapier abdecken.

Apfelküchle

Zutaten

125 g Mehl; eine Prise Salz; 2 Eier; 125 ml Milch; 3 Äpfel; etwas Zitronensaft; Fett

Zubereitung

Mehl, Salz, Eigelb und Milch in eine Schüssel geben und einen glatten Teig herstellen.

Eiklar fest schlagen. Eischnee erst unmittelbar vor dem Ausbacken unterheben.

Äpfel waschen, schälen, entkernen und in ca. 1 cm dicke Scheiben schneiden.

Die Apfelringe mit etwas Zitronensaft beträufeln.

Fett erhitzen und die Apfelringe vorsichtig in den Pfannkuchenteig tauchen. Die Apfelringe goldbraun ausbacken und warm stellen.

Unser Caritas-Tipp

Zu den Apfelküchle passt Zimtzucker, Vanillesoße oder Vanilleeis.

Karamellisierter Kaiserschmarrn

Zutaten

30 g Rosinen; 150 g Mehl; 4 Eier; 1 Pckg. Vanillezucker; etwas Rum; 1 Prise Salz; Milch nach Bedarf; eventuell 1 Schuss Mineralwasser mit Kohlensäure; 2 EL Butter; 2 EL Zucker; Puderzucker zum Bestäuben

Zubereitung

Rosinen 30 Minuten in einer Schüssel mit warmem Wasser einweichen, abtropfen. Eier trennen, Eiweiß unter Zugabe von etwas Zucker oder Salz sehr steif schlagen, beiseitestellen.

Mehl, Eigelb, Rum und Vanillezucker unter Zugabe von Milch zu einem sämigen Teig rühren. Eventuell 1 Schuss Mineralwasser zugeben.

In einer Pfanne 1 EL Butter erhitzen, Teig 1–2 cm dick einfüllen, Rosinen darübergeben und bei kleiner Hitze portionsweise backen, einmal wenden. Die leicht gebräunten Pfannkuchen zerreißen und immer wieder wenden. Im Backofen warm halten, bis der ganze Teig verarbeitet ist.

Zum Karamellisieren die restliche Butter in die Pfanne geben, den Zucker einstreuen, etwas bräunen, die Stücke dazugeben und mischen. Auf Tellern anrichten und mit Puderzucker bestreuen.

Unser Caritas-Tipp

Das passt dazu: Vanillesoße, Apfelmus, Zwetschgen-, Sauerkirschen- oder Pfirsichkompott. Probieren Sie auch einmal Dinkelmehl zur Herstellung.

Liwanzen

Zutaten

300 g Mehl; 1 Pckg. Trockenhefe; 250 ml lauwarme Milch; 1 EL Zucker; 2 Eier; etwas Salz; Butter oder Sonnenblumenöl zum Backen; zum Bestreichen: Zimtzucker oder Zwetschgenmus oder Marmelade

Zubereitung

Das Mehl in eine große Schüssel geben. Mit Hefe, lauwarmer Milch, Zucker, Eiern, Salz zu einem dickflüssigen Teig abrühren. Ca. 1 Stunde an einem warmen Ort gehen lassen.

Den Teig esslöffelweise in einer Pfanne in heißer Butter oder im Sonnenblumenöl ausbacken. Die Liwanzen müssen von beiden Seiten schön goldbraun sein. Nach dem Ausbacken warm stellen. Mit Zimt und Zucker oder mit Zwetschgenmus oder einer beliebigen Marmelade bestreichen.

Quarkauflauf

Zutaten Haube

3 Eiweiß; 2 gestr. EL Zucker

Zutaten Teig

500 g Quark; 3 Eigelb; 70 g Zucker; 60 g Grieß; Saft einer ½ Zitrone; 1 TL Backpulver; Fett für die Form

Zutaten Belag

Obst nach Wahl, aus der Dose; 250 ml Saft aus der Dose; 1 EL Speisestärke; 1 EL Wasser

Zubereitung

Die Eier trennen. Das Eiweiß mit dem Zucker für die Haube zuerst mit dem Handmixer steifschlagen.

Dann alle Zutaten für den Teig in eine Rührschüssel geben und ca. 2 Minuten lang mit dem Handmixer rühren.

Eischnee unter die Quarkmasse heben. Eine Auflaufform einfetten und zwei Drittel des Teigs einfüllen. Obst der Wahl gut abtropfen lassen, auf dem Quark verteilen und mit dem restlichen Quark abdecken.

Der Auflauf wird bei 175 °C Ober-/Unterhitze ca. 40–50 Minuten gebacken.

Zum Schluss den Obstsaft aufkochen, mit Speisestärke und Wasser binden und als Soße dazu reichen.

Quarkkeulchen

Zutaten

1 kg Quark; 2 Eier; 4 gut gehäufte Esslöffel Mehl; 1 Prise Salz; 1 Prise Zucker; Butter zum Braten; Apfelkompott; Zucker/Zimt nach Geschmack

Zubereitung

Quark, Eier, Mehl, Salz und Zucker mit einem Schneebesen gut mischen. In beschichteter Pfanne etwas Butter erhitzen und die Masse in handtellergroßen Fladen (ca. 1 cm dick) goldbraun auf beiden Seiten backen. Quarkkeulchen heiß mit Apfelkompott servieren. Zucker und Zimt je nach Bedarf hinzufügen.

Scheiterhaufen

Zutaten

4 altbackene Semmeln; 2 Eier; 250 ml Milch; 50 g Puderzucker; 1 Prise Salz; 500 g Äpfel; Butter für die Form und für Flöckchen; 100 g Rosinen; 5 EL Zucker; 1 TL Zimt; evtl. 1 Pckg. Vanillesoße

Zubereitung

Die Brötchen in Scheiben schneiden. Eier mit Milch, Puderzucker und Salz verquirlen. Die Brötchenscheiben darin einweichen, bis sie alles aufgesogen haben. Inzwischen die Äpfel schälen und in dünne Scheiben schneiden. Eine Auflaufform buttern und den Boden mit Brötchenscheiben auslegen.

Darauf eine Schicht Apfelscheiben geben, mit einigen Rosinen und einem Gemisch aus Zimt und Zucker bestreuen, dann wieder eine Schicht Brötchenscheiben usw., bis alles aufgebraucht ist. Die oberste Schicht sollten Brötchenscheiben sein. Die Butter in Flöckchen auf der Oberfläche verteilen und den Scheiterhaufen im Backofen bei 180 °C ca. 40–50 Minuten backen. Vanillesoße nach Packungsangabe zubereiten.

Süßer Reisauflauf

Zutaten

250 g Milchreis; 750 ml Milch; 1 Prise Salz; 2 EL Butter; 1 EL Zucker;
3 Eier; ½ Zitrone (unbehandelt); 1 Dose Aprikosen; 50 g Puderzucker

Zubereitung

Den Reis waschen und abtropfen lassen. Die Milch mit Salz aufkochen,
den Reis zugeben und weich kochen. Den Reis ausquellen und erkalten
lassen.

Butter, Zucker und Eigelbe schaumig rühren, mit der abgeriebenen
Zitronenschale abschmecken. Den Reis zumischen und das zu Schnee
geschlagene Eiweiß darunterheben.

In eine eingefettete Form zwei Drittel des Milchreises füllen. Die
Aprikosenhälften draufsetzen und diese mit Puderzucker bestäuben.
Den restlichen Reis darüber verteilen. In dem auf 180 °C vorgeheizten
Backofen ca. 45 Minuten backen.

Zwetschgenknödel

Zutaten

500 g Kartoffeln; 2 Eier; 250 g Mehl; 5 g Salz; Zwetschgen nach Bedarf; Zucker und Zimt; etwas Fett; Semmelbrösel

Zubereitung

Rohe Kartoffeln werden nach dem Waschen geschält und in Salzwasser in einem Topf weich gekocht. Danach seiht man sie ab und drückt sie durch eine Spatzenpresse auf ein Nudelbrett. Mit Eiern und Mehl wird daraus ein Teig geknetet, der dann auf 1 cm Dicke ausgerollt und in quadratische Stücke geschnitten wird. Diese Stücke müssen so groß sein, dass man eine Zwetschge darin einwickeln kann.

Die gewaschenen Zwetschgen werden entsteint, mit etwas Zucker und Zimt gefüllt, zugeklappt, in ein Teigstück eingewickelt und zu einer Kugel geformt. Danach legt man sie in einen Topf mit kochendem Salzwasser, lässt sie zehn Minuten ziehen und entnimmt sie, wenn sie zur Oberfläche aufgestiegen sind.

Nun werden sie noch in einer Pfanne mit etwas Fett, Semmelbröseln und Zucker leicht angebraten.

Erdbeerquark mit Amarettini

Zutaten

500 g Erdbeeren; 500 g Quark; 2 EL Zucker oder Candarel; 200 g süße Sahne; evtl. pure Vanille; 200 g Kekse (Amarettini)

Zubereitung

300 g Erdbeeren pürieren. 4 schöne Erdbeeren als Deko zurückbehalten. Den Rest fein würfeln und unter die pürierte Masse geben.

Den Quark mit dem Zucker oder Candarel schaumig schlagen. Die Schlagsahne steif schlagen, wer mag, mit echter Vanille würzen und vorsichtig unter den Quark heben.

Von den Amarettini ein paar zur Deko zurückbehalten. Den Rest im Mixer grob mahlen oder in einem Plastikbeutel mit dem Nudelholz zerbröseln.

4 große, bauchige Gläser aufstellen. In jedes Glas eine Schicht Amarettinibrösel geben, darauf Quark, darauf Erdbeerpüree, darauf Amarettinibrösel, wieder Quark und Erdbeeren.

Letzte Schicht sollten Amarettinibrösel sein. Alles mit ganzen Amarettini und den Erdbeeren dekorieren.

Gratinierter Obstsalat

Zutaten

gemischtes Obst, frisch oder aus Konserve; etwas Zucker; 500 g Quark (Magerquark); 200 g süße Sahne; 1 Pckg. Mandelsplitter; 1 Pckg. Krokant; Obst zum Garnieren

Zubereitung

Obst waschen, würfeln, zuckern und in eine Auflaufform oder eine schöne Obstschale geben. Den Quark in eine Schüssel geben, etwas Sahne zugeben und umrühren. Der Quark muss schön cremig sein, also nicht zu viel Sahne, sonst wird er zu flüssig. Nun evtl. noch einmal zuckern.

Die Quarkmasse über den Obstsalat geben und glatt streichen, so dass alles mit Quark bedeckt ist. Die Mandelsplitter und den Krokant mischen und über den Quark streuen. Man darf keinen Quark auf der Oberfläche mehr sehen, also dicht streuen.

Jetzt noch mit ein paar Kirschen oder – je nach Jahreszeit – mit etwas anderem garnieren und ca. 1 Stunde kalt stellen.

Das Dessert heißt gratinierter Obstsalat, weil es im fertigen Zustand aussieht, als wäre es überbacken.

Himbeer-Pfirsich-Dessert

Zutaten

1 Dose abgetropfte Pfirsiche; 1 Pckg. Himbeeren (TK); 1 Becher Sahne; 2 Pckg. Vanillezucker; 500 g Joghurt; evtl. etwas braunen Zucker

Zubereitung

Pfirsiche in kleine Stücke schneiden. Zusammen mit den Himbeeren in eine große Schüssel geben.

Die Sahne steif schlagen, mit Vanillezucker süßen und von Hand vorsichtig in den Joghurt rühren. Diese Masse auf die Früchte geben. Zuletzt eine Schicht braunen Zucker darüberstreuen. Einige Stunden, besser über Nacht in den Kühlschrank stellen.

Der Zucker bildet eine Schicht, die wie Karamell aussieht und jeden begeistert.

Unser Caritas-Tipp

Es können übrigens auch andere Früchte, zum Beispiel Waldbeeren, verwendet werden.

Joghurtnocken

Zutaten

6 Blatt weiße Gelatine; 2 Becher Naturjoghurt; 50 g brauner Zucker; Saft und abgeschälte Schale von 1 Zitrone; 50 g gehackte Walnüsse; 250 g frisches Obst (z. B. Beeren); Zitrone

Zubereitung

Gelatine nach Vorschrift auflösen. Joghurt, Zucker und Zitronensaft gut verrühren. Die Nüsse und die Gelatine unterziehen, am besten über Nacht gelieren lassen.

Mit einem Löffel von der Creme Nocken abstechen. Auf einem Teller mit den Beeren anrichten und mit Zitronensaft beträufeln.

Kirsch-Quark-Speise

Zutaten

500 g Quark; abgeriebene Schale von ½ Orange und ½ Zitrone;
2 EL Zucker; 100 ml Sahne; 250 g Kirschen (je nach Geschmack);
Schokoraspeln

Zubereitung

Den Quark mit der Orangen- und Zitronenschale, dem Zucker und der Sahne verrühren. Auf 4 Dessertschalen verteilen.

Die Kirschen waschen und auf den Quark legen. Mit Schokoraspeln bestreuen. Je nach Geschmack noch Schlagsahne dazu reichen.

Panna Cotta

Zutaten

Reicht für 8 Portionen:
1 l Sahne; 3–4 EL Zucker; Vanilleschote bzw. 1 Pckg. Vanillezucker;
1 Pckg. Blattgelatine (6 Blatt)

Zubereitung

Die Sahne aufkochen. Zucker und Vanille zugeben. Kurz abkühlen lassen und aufgelöste Gelatine unterrühren. In Förmchen füllen, kühl stellen, bis die Gelatine fest geworden ist. Das dauert mindestens 4 Stunden, am besten über Nacht.

Unser Caritas-Tipp

Servieren Sie hierzu eine Fruchtsoße:

Dazu 200 g frische Himbeeren oder Erdbeeren im Mixer pürieren, 1 EL Zitronensaft und etwas Puderzucker nach Geschmack daruntermengen.

Schokoladenstrudel

Zutaten

250 g Mehl; 2 EL Öl; 1 Ei; 125 ml Wasser, lauwarm; Salz; 100 g weiche Butter; 100 g Schokolade; 3 Eier; 100 g Zucker; 100 g gemahlene Mandeln; 2 EL Semmelbrösel; 2 Semmeln; 500 ml Wasser; 125 ml Milch; 1 EL Butter

Zubereitung

Mehl in eine Schüssel sieben, in die Mitte eine Grube drücken. Darin Ei, Öl und Salz mit einem Kochlöffel verrühren, Wasser zugeben und alles gut vermengen. Den Teig mit den Händen gut durchkneten. Mit einem feuchten Tuch abdecken und eine Stunde ruhen lassen.

Schokolade in kleine Stücke brechen und in eine Schüssel geben. Diese in eine etwas größere, mit etwas heißem Wasser gefüllte Schüssel stellen. Schokolade umrühren, bis sie geschmolzen ist.

Semmeln in Wasser einweichen. Eier trennen, Eiweiß in einer Schüssel steif schlagen. Butter schaumig rühren, langsam erweichte Schokolade dazugeben, bis die Masse steif und hell ist.

Zucker und Eigelbe unterrühren. Mandeln, Semmelbrösel, gut ausgedrückte Semmeln mit dem Eischnee unterheben.

Den Strudelteig auf einem bemehlten Tuch dünn ausrollen oder ausziehen. Die Füllung darauf verteilen, die langen Seiten etwas einschlagen, danach von der kurzen Seite locker aufrollen.

In eine gefettete Form geben, mit Butterflocken belegen und bei 180 °C ca. 30 Minuten backen. Nach etwa 20 Minuten Backzeit mit Milch übergießen.

Noch warm servieren und genießen.

Menschsein
für **Menschen**

Perspektive Zukunft

Nachhaltig Sinn stiften mit der

Caritas-Stiftung Augsburg

Sie brauchen keine Millionen, um auf Dauer helfen zu können. Es gibt viele Möglichkeiten, armen Kindern und Erwachsenen, behinderten, psychisch-kranken, und suchtkranken Menschen, Arbeitslosen und alten Menschen zu helfen.

◼ **Wir beraten Sie gerne**

Caritasverband für die Diözese Augsburg e.V.
Gertrud Egger
Bereichsleitung Finanzen
Auf dem Kreuz 41, 86152 Augsburg
Tel. 08 21/31 56-2 17
E-Mail: g.egger@caritas-augsburg.de

caritas

■ Wofür wir stehen...

Die Caritas-Stiftung Augsburg versteht sich als Teil der Caritas und dient den gleichen Zielen wie der Caritasverband für die Diözese Augsburg e.V. Die Stiftung ermöglicht zivilgesellschaftliches Engagement in Kirche und Gesellschaft.

Der Wille der Stifter ist für die Caritas-Stiftungen entscheidend. Vision und Wille der Stifter haben oberste Priorität. Sie entscheiden über den Zweck und den Aufbau ihres Werkes.

Hilfe bei der Sinnfindung: Wir möchten uns mit Menschen verbünden, die Solidarität stiften wollen und ihnen helfen, aus ihrem Kapitalvermögen ein Sinnvermögen zu machen.

Fairer Umgang mit Stiftern ist Grundlage unserer Arbeit. Bei der Beratung der Stifter weisen wir auch auf Risiken der Stiftungsgründung hin. Dies gilt für die Absicherung gegen Armut oder Krankheit im Alter und Erbansprüche.

Bundesweite Vernetzung ist eine Stärke der Caritas-Stiftungen. Potentielle Stifterinnen und Stifter wenden sich an eine Stiftung ihrer Wahl und werden dort kompetent und seriös beraten. Auf Wunsch erfolgt die Vermittlung zu einer anderen Caritas-Stiftung, die das Anliegen des Stifters besser abdecken kann.

Caritas-Stiftungen unterstützen die Caritas in ihrer Funktion als Anwalt Benachteiligter, Solidaritätsstifter und Dienstleister.

■ Die Bankverbindung

Bankverbindung der Caritas-Stiftung Augsburg LIGA Bank eG
Konto-Nr.: 24 645 000
BLZ: 750 903 00

GEHT'S NOCH?

JUNG GENUG?

FÜR SCHÜLER
STUDENTEN
AZUBIS
FSJ-LER
BUFDIS
UND
WEHRDIENSTLEISTENDE
UNTER 28 JAHREN

Stadt Augsburg

SEMESTER ABO | JUNGES ABO

6 Vorstellungen im Großen Haus und in der brechtbühne
2 x Musiktheater | 3 x Schauspiel | 1 x Ballett
Spezialpreis für alle unter 28 im Allgemeinen und für Studierende der Augsburger
Hochschulen im Speziellen. Für dieses Abonnement bieten wir das Rahmen-
programm WERKSTATTGESPRÄCHE mit Einblicken in die Probenarbeit.

ALLEIN ODER ZU ZWEIT
THEATER FÜR FÜNFFUFFZIG

Gutscheinheft für 10 Tickets, die Gutscheine sind übertragbar,
und es können bis zu zwei pro Vorstellung eingelöst werden.
Das „Theater für Fünffuffzig"-Gutscheinheft verlängert sich nicht
automatisch und kann pro Spielzeit mehrmals gekauft werden. Gültig für
alle Sparten im Großen Haus, im Kongresszentrum und in der brechtbühne ab
Preisgruppe 3 sowie im hoffmannkeller. Ausgenommen sind Premieren, Gastspiele
sowie die Silvestervorstellungen.

55,- €

STAND-BY-TICKETS

9,- € Restkarten in allen Spielstätten,
auf allen Plätzen, eine Viertelstunde vor Vorstellungsbeginn.

9,- €

30% AUF ALLES

Auf den regulären Eintrittspreis und alle Abonnements,
mit Ausnahme des Gutscheinhefts Mini, der Kinder-Abos
sowie der Angebote für unter 28, erhalten Sie zusätzlich
30% Rabatt im Vorverkauf und an der Abendkasse.

30%

THEATER
AUGSBURG

Besucherservice 0821. 324 4900 | www.theater-augsburg.de

amac
BUCH VERLAG

Mehr interessante Lektüre sowie das gleichnamige eBook
„Tolle Gerichte für wenig Geld" finden Sie unter www.amac-buch.de